# THE MARCH OF FOOTBALL FIELD
# 足球场进行曲

汤宪博 著

中国财经出版传媒集团
中国财政经济出版社

## 图书在版编目（CIP）数据

足球场进行曲 / 汤宪博著． — 北京：中国财政经济出版社，2015.11
（人文城市系列）
ISBN 978-7-5095-6349-6

Ⅰ. ①足… Ⅱ. ①汤… Ⅲ. ①足球场—介绍—世界 Ⅳ. ①G818.1

中国版本图书馆CIP数据核字（2015）第187208号

责任编辑：杨 云　　装帧设计：刘 铮
特约编辑：王雯倩

中国财政经济出版社 出版

URL:http//www.cfeph.cn
E-mail:cfeph@cfeph.cn
（版权所有 翻印必究）
社址：北京市海淀区阜成路甲28号　邮政编码：100142
营销中心电话：010-88190406　　北京财经书店电话：010-64033436
北京时捷印刷有限公司印制　各地新华书店经销
165×210毫米　16开　20印张　262 000字
2015年11月第1版　2015年11月北京第1次印刷
定价：58.00元
ISBN 978-7-5095-6349-6/G·0155
（图书出现印装问题，本社负责调换）
本社质量投诉电话：010-88190744
反盗版举报热线：88190492　88190446

# 目 录

引言　来自"黑与白"的文化 ………………………… 1

第一章　历史长河中的足球 ………………… 6

足球的起源：英伦三岛 ………………………… 8
严禁野蛮的比赛规则 …………………………… 14
从俱乐部到联赛 ………………………………… 18
欧洲，诸强争战之地 …………………………… 23
FIFA的诞生 ……………………………………… 41
飞跃大西洋的美洲足球 ………………………… 42
令人期待的亚非足球 …………………………… 54
奥运会：足球的"鸡肋" ………………………… 63
世界杯：足球的盛宴 …………………………… 64

第二章　一座球场和一座城市 ……………… 68

曼联和老特拉福德 ……………………………… 70
博卡"青年"和他的"糖果盒" ………………… 104
里约热内卢和马拉卡纳球场 …………………… 117
从伯纳乌到诺坎普 ……………………………… 128
德国的复兴 ……………………………………… 150

神圣米兰，神往圣西罗 …………………… 166
沈阳和五里河 …………………………………… 184

## 第三章
## 球场风云——与足球有关又关乎人文 …… 194

歌声、掌声和嘘声 ……………………………… 196
意味深长的号码 ………………………………… 206
庆祝动作 ………………………………………… 215
活着的传奇 ……………………………………… 229
是冤家亦是朋友——德比 ……………………… 254

## 第四章　经典赛事 …………………………… 258

菲戈"变节"吃猪头 …………………………… 260
来自"敌人"的赞美 …………………………… 264
灾难和1968年欧冠的眼泪 ……………………… 267
红色三分钟 ……………………………………… 272
小贝的救赎 ……………………………………… 277
追寻失落的圣杯 ………………………………… 282
被扒光的冠军 …………………………………… 288
圆梦五里河 ……………………………………… 292

## 第五章　足球和世界 ………………………… 298

球场小社会，社会大球场 ……………………… 300
中国足球现状和未来的路 ……………………… 303
通过足球看世界 ………………………………… 311

# 引言
## 来自"黑与白"的文化

足球是一种文化。

足球是一种不可能完全理性客观、充满对立却不乏人性光辉的独特人文领域。伴随足球所产生的冲突争议和赞赏认同都是"存在即合理"的产物,所以不要用"道德放大镜"来审判这种文化,因为恰恰是对立和矛盾才让这种文化长盛不衰。

偶尔会听到这样的声音:"这么大的人了,怎么还看足球?"听罢让人异常尴尬,这种提问一般来自于不喜欢足球的人群之口,然而即使是身边热衷足球运动的朋友也时不时会暴露出对足球认知上的原则性错误。这说明我们对足球文化的理解存在偏差,能够想见这种文化氛围在我们的身边也不够浓厚。每逢世界杯,中国人都比老外更醉心于赛事的热议,但是这其中有多少是商家媒体炒作产生的伪热度,有多少是对足球最纯粹的热爱?当两支本与我们无关的球队鏖战绿茵场时,我们是要抱着同仇敌忾的态度,还是尽可能恪守中立?关于足球文化的种种,是这本书将要讲述的。

足球场是每场球赛开始的起点,也是萦绕终场哨声的终点,更是球迷们快乐回声的聚焦点。它本身就集中体现了足球文化不可或缺的一部分,与球场的兴建和变迁一起构成了足球历史重要的组成部分,从中我们能看到足球由最初的纯粹走向商业,也能看到那些刻骨铭心的瞬间。

球场不仅承载了球队和球迷，还孕育着它所在城市、国家的文化。伟大的城市都有一座伟大的球场，没有体育的城市绝对是精神上有残缺的城市，所以城市历史和球场历史往往交错纠缠。城市和球场都拥有汇聚人的力量，在由人串联起的足球运动的牵引下，我们看见了更广阔的世界。

　　可以想见，球场不仅是载体，还是我们出发去探寻相关文化和历史的转捩点，简而言之，即便不是个球迷，也一定能在足球之外找到引发个人兴趣的那一部分——为什么在拥有高度文明与民主的欧洲国家也会兴起民族独立的势力？为何美洲的足球国度有的黑人居多，有的则截然相反？人口众多的中国为何无法在足球上有所突破？……某国曾统计过该国的离婚率，结果发现每隔四年的夏天，离婚率就会攀上一个新的峰值——其实那恰巧都撞上了世界杯开幕的日子。说起离婚的原因，仿佛世界杯还真的是"罪魁元凶"：女人痛斥男人在世界杯期间唯"球"是问不顾家庭，引起婚姻破裂；或者男女双方支持不同的国家队，结果在淘汰赛提前相遇，正所谓两虎相争，必有一伤，这种伤害可不是成王败寇那么简单，它会从场上蔓延到场下，球员的肢体冲突影响到男女双方口角的激烈程度，进而左右着感情的稳定程度。

　　足球真有那么大的魅力吗？据文献记载，早期人类就对踢打球形物体非常感兴趣，在这基础上发展出许多类似的游戏，虽然没有什么现代足球的影子，但证明了足球运动受欢迎是有一定原因的。就个人而言，亲自参与足球运动往往会有这样的感触：人的腿脚远没有手臂灵活，所以踢足球其实是一个克服困难、不断摸索前进的过程。当你能做到用相对笨拙的脚去精准地控制、运行皮球，完成多人的传递配合或者盘带过人，把球送进球门的时候，那种异乎寻常的成就感在肾上腺素的推动下会让人异常兴奋。怀揣这样的感觉去"欣赏"他人的足下表演，去选择自己钟爱的球队，追随球队成绩的起伏，品味生活的喜怒哀乐，足球的魅力就已经彻底展现在你面前了。

◎ 雪中进行足球比赛

◎ 蹴鞠运动在战国时代就已形成

◎ 早期香港足球比赛

　　这种魅力甚至会让你彻底地"忘我",比如在提及中国足球这个多年绕不开的话题时,就会提到那个中国球迷心目中极端的例子——素有"球迷皇帝"之称的罗西,为了心爱的足球不惜放弃工作和家庭。笔者无意在此鼓励这种痴迷,只能慨叹这种由足球而生的信念可以如此这般超乎想象!记得罗西在参加一档卫视举办的谈话节目时,作为主角的他在介绍自己追寻足球梦的经历,某位"著名"主持粗暴地打断了他的讲述,尤其是在提及他置家庭于不顾的话题时,主持人毫不掩饰地表达了对他的反感。此乃人之常情,如若换一个角度看世界,罗西的所作所为或许可以堪称另类的"执着"。伏尔泰曾言:"我不同意你的观点,但我誓死捍卫你说话的权利。"无论赞同与否,我们的确无法也无意否定罗西的选择,身居不同境界,更需要给这个为中国足球牺牲自我的好汉一个传声筒,让他大胆地呐喊一声;只是,当我们身临"其"境时才发觉,罗西真正需要的不是为自我辩护的舞台,他需要的只是更多的人能理解他对足球如此离经叛道的文化认同。哪怕是一场表演,但足球的故事却远远不会在 90 分钟内画上句号。

　　这就是文化!既然我要讲的是足球文化,那就从足球的起源与发展说起吧。请千万不要略过或者不屑于了解这部分,挖掘每一个环节都有助于你更彻底地了解一个新鲜事物,美其名曰了解足球,还请先小心谨慎地走近"黑与白"的世界,怎么说也得踢上个两脚才行。

◎ 热情的球迷

# CHAPTER 1 第一章
## 历史长河中的足球

足球是这次阅读之旅的主角。这项运动的重要性和受欢迎程度是不言而喻的。最初它是怎样产生的,经过了怎样的改进和打磨才有了今天的样子?哪些因素让足球如此这般受欢迎呢?让我们一起走进历史的长廊,找寻这些答案吧。

# 足球的起源：英伦三岛

许多国家都有类似早期人类用脚踢球状物体展开活动的书画文献，早在2300多年之前我国的春秋时期，或者中世纪的罗马和希腊，均有这样的记载。这说明人类对于这项运动的喜爱来自于本能的驱使，同时也使得稽考足球最初的起源变得难有定论。如果说中国是足球的发源地，东亚某邻国一定会反驳说，他们的山洞中还藏着几十万年前的足球壁画。其实越是久远的事情就越难界定出确切的标准答案，文明尚不发达的年代，你没法苛求历史能够被精准地记载。所以放下这些争议，先来了解一个公认的事实：现代足球的发源地是英国。

英国在世界近现代史上有着举足轻重的地位，他们对于体育文化的贡献同样也是彪炳史册的。随着社会生产力的提高，人们对于体育文化的需求就越发强烈，就像咱们常说的精神文明和物质文明共同发展。因此彼时工业飞速发展，身处大规模殖民扩张进程中的英国，催生和改进了众多现代体育项目，其中有羽毛球、乒乓球等，足球则是众多创举中的点睛之笔。

早在14世纪，早期足球的雏形就在英国形成了，只不过当时这项运动实在是野蛮无序——通常是两个村子好几百号人同时参赛，并且是手脚并用地进行，哪一方能把球带进对方村子的闹市区就算得一分。这样的规则导致了赛况常常是粗野异常惨不忍睹，几乎将"赛场"演变成了战场。时不时有人为了争夺球权而冲进村民的家中，一阵厮打后再将战场延续到另一家，参赛者打得不可开交，村民们则无辜遭殃。虽说参赛双方玩得不亦乐乎，可是他们破坏社会秩序的行径让人十分愤怒，国王和教会为此也是禁令百出。

◎《足球比赛》(绘画作品。作者,托马斯·韦伯斯特,英国人)

◎ 英国公学足球

◎ 现代足球的雏形在英国产生

◎ 早期的足球

◎ 英国早期的足球队

尽管王命不断,但人民的热情却是屡禁不止,这可让国王脸上有些挂不住了,为了皮球这么芝麻绿豆大的事大动干戈也不值得。好在王权和教会对此无能为力的时候,圈地运动和工业革命接踵而至,反倒无心插柳地了结了这个尴尬:"圈地"后的新兴阶层成了贵族,大机器时代的到来则为城市创造了更为充足的工作机会,时代对劳动力的需求,导致乡村人口被赶进了城市,拥有群众基础的乡村足球运动,也因参与人数的锐减而无法延续下去。

如果足球就此消亡,也就没有今天世界杯比赛时的"万人空巷"了,更别提成为世界第一运动了!怎样的契机让足球再次崛起?答案恰恰是终结了古代足球的工业革命!

不可否认,工业革命剥夺了不少人的财富,但也催生了一大批暴发户。经济与社会地位显著提高的他们,得以把自己的孩子送进了本来只有贵族才能进入的"公学"中。公学具有英国代表性的文化,类似中国古代的庠序,在推动英国文

◎ 中世纪的足球因为混乱而被称为"暴徒足球"

◎ 17世纪90年代伊顿公学鸟瞰图

◎ 正在进行足球训练的学生

化的发展上发挥了巨大的作用,不仅培养了众多人才,其独一无二的治学精神还一直延续至今。其中较为知名的有"伊顿公学""哈罗公学""拉格比公学"等。这些公学的毕业生大部分会进入牛津大学、剑桥大学和圣安德鲁学院。正是这些推进文化进步的公学,奠定了现代足球发展的基石。

  工业革命让暴发户的孩子们有机会接触贵族公学,同时也使得学校的风气每况愈下,打架滋事层出不穷,骄奢淫逸之风弥漫。面对这些精力旺盛无处发泄的年轻人,时任拉格比公学校长的马修·阿诺德别出心裁,他没有一味打压学生的"热情",而是一手严抓风纪,一手推动校园体育的发展。即便放眼今日,将学生们推进运动的海洋,依旧是教育管理中的一招好棋。因为这是把他们从诸多社会诱惑中引向正轨的好方法。而在当时,那简直称得上是活生生的物质与精神文明共同发展的典范!学生们的注意力集中到了赛场竞争上,校园中的"乌烟瘴气"也就逐渐烟消云散。所谓的"欲文明其精神,必先野蛮其体魄"的确有其道理所在!想把拥有广泛群众基础的体育项目改造成最能代表国家精神的体育文化,那么参考邻国日本就是再好不过的选择了。那是一个将学生体育和全民体育发展得有声有色的典范,笔者曾亲睹一场日本中学生的足球赛,发现坐满看台的不只是学生,还有已经毕业的各级校友,顿时生起临渊羡鱼,又无法退而结网的五味杂陈感。到底是什么阻滞了中国校园体育的发展,尤其足球运动又被哪块绊脚石所拖累,下面会有专门讨论。

　　回到原来的话题,在这次发展公学体育的运动中,曾经"风靡"一时(尽管当权者对此深恶痛绝)的足球再次变成学生们文娱的首选。你一定会问:为什么又是足球?也许恰恰是它的粗野性,使它成为一种更能激发人类本能的活动。若从实际条件出发,足球对于场地和装备的要求相对简单得多。与笔者共事的英国同事就曾玩笑言:"你随便拿两个什么东西摆在地上就是一个球门,再拿一个球,就可以痛快地玩了。但是冰球或者棒球呢?你有那些该死的护具吗?你能指望仕夏天还能拥有一块完整结实的冰面吗?"这也许是英国人的心声,骄傲也好自负也罢,但这种随时随地可以进行的自由特质,为足球在世界范围内流行创设了充要条件:不论是巴西贫民窟没鞋穿的孩子,还是在伊拉克全副武装执行任务的美国大兵,甚至胡同中用书包和砖头堆砌起球门的红领巾,他们都在享受这项运动的快乐,足球因此而无处不在。

◎ 法国埃菲尔铁塔下的街头足球

# 严禁野蛮的比赛规则

就这样,一群纨绔子弟在公学的高墙内"重燃战火",在他们进入大学之后,这项"游戏"也就顺理成章地延续了下去,应该说校园在孕育、发展这项运动过程中功不可没。

但依旧有一个问题:游戏规则。这和之前的情况一样没有多少改观,比赛依然混乱不堪,手脚并用的粗野情形重复出现,这导致了校园足球虽然热火朝天,但"伤筋动骨"的事情还是没少发生。另外,不同学校也只能各自为战,校际之间各有各的足球规则,连足球到底该不该用手也在各公学之间吵得不可开交。规则的不统一使得拥有相同称呼的运动,反倒是无法进行共同的比赛,这简直成了体育史上的笑话!于是,1848年大学生们聚集剑桥召开了会议,一番周折之后终于约定了著名的"剑桥规则":足球分为两种,一种只能用脚踢,另一种可以手脚并用。

统一规则无疑对发展、强大足球运动助推了一大把,但这种宽泛的规定仍旧没能解决实质性问题——为了避免将一项体育运动演变成全武行,如何界定身体冲撞的合法性成了新的课题。争论继续延续着,直到1863年10月26日,11家足球俱乐部进行了一次划时代意义的谈判,历经前后六次商议,终于达成了这样的共识:足球是一项严禁身体粗野冲撞的运动。所谓众口难调,尽管这个规则听上去甚为合理,仍有俱乐部完全不能在这一点上认同。他们对于身体冲撞的固执观点造就了另一项伟大的运动——橄榄球。而这一天也是世界上最早的足球管理机构——英格兰足球总会的成立日,由此可见"日不落"帝国不论在经济、军事还是体育文化上,都是当时的领袖。

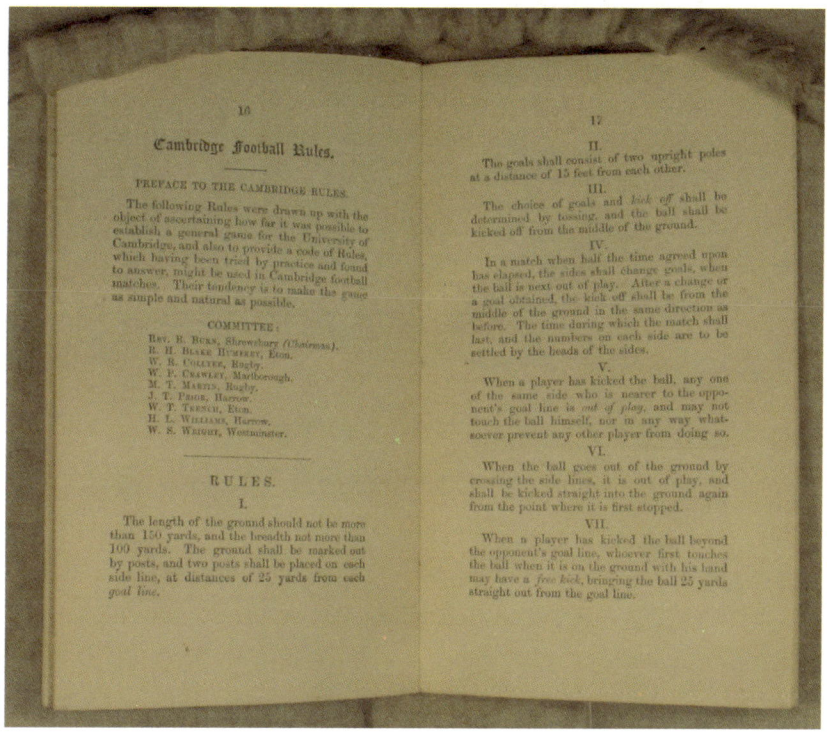

◎ 1863 年约定的"剑桥规则"

◎ 足球比赛开始穿着统一的队服

◎ 英格兰足总杯参赛球队(绘画)

◎ 英国人对现代足球的贡献一直延续到今天

"校园的力量"在足球规则确立方面贡献良多。比如现在沿用的每队 11 人制，是因为学校内的比赛大多在两个宿舍之间展开，而每个宿舍一般都由 10 名学生和 1 名舍监组成；在有限时间内分出胜负的创意，构成了现代足球比赛最基本的形式，在这样的框架下又诞生了最早的足球杯赛——英格兰足总杯。

由于足球运动始于校园，因此当时它还只是校内贵族们的自娱自乐，普通人鲜有机会接触到它的魅力。当学生们毕业各自走向社会工业的最前线，这个让他们痴迷的运动才逐渐进入了最广阔的社会生活领域。下面要提到的曼彻斯特就是个典型，这是英国西北部的工业重镇，因人而聚的足球最初就在此生根发芽，并最终以燎原之势点燃了整个国家的热情，足球这个"旧时王谢堂前燕"，终于得以"飞入寻常百姓家"。

◎ 1923年第一届英格兰足总杯冠军奖杯

# 从俱乐部到联赛

纵观足球在英国的发展历程,可以看出它是在英国劳工阶层中发展壮大的。足球能在英国劳工中一呼百应,不仅因为它能够满足娱乐休闲或发泄情绪的需求,更归功于它在一定范围内汇聚了人的力量。人们越是聚在一起踢球,他们之间的联系就越发紧密,而由这批人组成的球队也就成了该区域、阶层以及拥有相似生活趣味的人群的代表。尤其是生活趣味的认同,帮助球队树立起别具个性的球队文化,人们也由此成为同一球队的支持者,人与人终于从工业革命的烟雾中走到了一起!

足球俱乐部是足球运动的基础性载体,也是迈向职业化和产业化的前提。如今球迷耳熟能详的豪门——曼联、皇马、米兰、里昂……无一不是拥有悠久历史的俱乐部。被国际足联认可的世界最早的俱乐部,是成立于1857年10月24日的谢菲尔德足球俱乐部(Sheffield United Football Club)。虽说足球早在公学发展时期就有类似的组织产生,不过其无论在社会影响力还是适用的社会阶级上都有较大局限性。随着当时宗教影响力的发展,足球开始受到政府和教会的双重支持,这也是许多球会都具有宗教背景的原因。直到很多年后这些宗教势力才渐渐被商业环境所取代,逐渐淡出俱乐部,但还是有球队一直保留着这种神圣的传统烙印,比如现在的南安普顿足球俱乐部(Southampton Football Club)。1885年球队成立时被叫作"南安普顿圣玛莉足球队"(Southampton St Mary's)。顾名思义球队是由附属于圣玛莉教堂的青年会组成的。如今,时间虽然湮没了这一抹宗教色彩,但外界仍旧称呼南安普顿队为"圣徒",从中既可一窥球队的历史背景,同时也说明这支球队的拥趸忠诚无出其右。

◎ 谢菲尔德队徽

◎ 南安普顿队徽

◎ 1890年，谢菲尔德足球俱乐部的成员

◎ 谢菲尔德足球俱乐部155周年海报

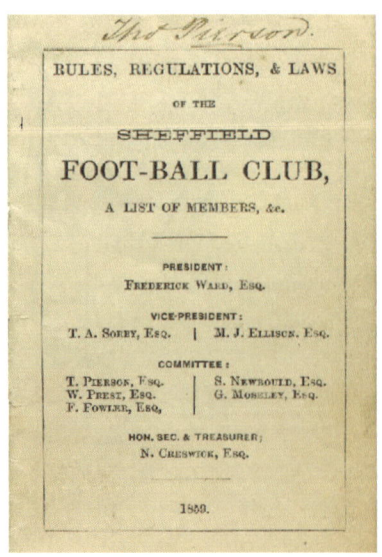

◎ 1859年谢菲尔德足球俱乐部约定书

球队在不断发展壮大的过程中，就逐渐吸引、聚拢、稳固、培养起自己最忠实的支持者。这些支持者则将自身对球队的拥护，顺理成章地注入家族的文化血脉之中，这就出现了祖孙三代共同支持一支球队的情况，甚至这还会是这个家族最引以为傲的资本：从爷爷开始，我们就是这支球队的铁杆了。这个传统过去是，今天依旧如此，未来仍将延续下去！这是欧洲足球文化中极富特色的一点——足球性命攸关般牵连着家族的文化，仿佛心爱的球队队徽就是家族的谱系纹章。当然不是没有特殊情况发生，西班牙著名网球明星纳达尔，他的叔叔是巴塞罗那队的著名球员，所以家里大多数人支持巴塞罗那，唯独纳豆"反其道而行"支持死对头皇家马德里队，这算得上是欧洲足球文化大环境中的小花絮吧！为之莞尔也好，争论也罢，足球家族化这一点在中国人看来是如此与众不同，可以随时在欧洲的球场内看到爷爷奶奶级别的球迷连唱带喊为球队助威，请不要吃惊，这就是老外足球文化的一部分。

对社区型足球俱乐部而言，它代表了隶属这个区域的人，因为足球之于这群人而言堪比宗教光环之于虔诚的教徒。球迷支持一支球队被演绎成为一种信仰上的皈依，和传统的宗教相比，这还是一种改良版的信仰，并且无比坚定不因时空而转移，不论身处何种境地，众多英国球迷只要自己"管饱"，就一定不会让心仪的球队"饿肚子"，花钱去球场看比赛就是他们的一周一次的膜拜，每个比赛日都是礼拜天，而球队的球场更成为他们心目中不可侵犯的圣殿。

人对于踢球的热爱逐渐变成一种本能，而人对于利益的热爱更是天性使然，这是足球发展进程中无法回避的思考。何以见得呢？英国人打骨子里是骄傲、自负和顽固的象征，他们最显著的性格特点就是对于一些特定事物会抱以精神洁癖。或许彼时他们会绅士般规定，足球是不能受利益驱使的最纯洁的运动，为俱乐部踢球的人是得不到任何报酬的。而当各个俱乐部中的球员绝大多数都变成拥有大量业余时间的产业工人时，这个"崇高"的规定对他们而言就意味着耽误自己的时间却

◎ 欧洲球迷对自己球队的热爱仿佛已经成为家族基因的一部分，代代相传。

换不来一分钱，这对踢球者的积极性会产生很大影响。俱乐部的发展则会产生多米诺骨牌效应——有些俱乐部的领头人为了确保成绩，会向自己的球员支付薪酬。而这种行为在当时是被主流社会不齿的，可出钱的人却理直气壮地甩给人们一句"爱哪儿哪儿告去"，终究，英足总意识到商业的力量是不可阻挡的，但从根本上说，人性是不可战胜的："与其抑制他们付钱，不如让他们合法地付钱去吧。"

# 欧洲，诸强争战之地

## 五国并起

当球迷们欣赏足球的态度已经不满足于自娱自乐之时，举办持续规范的赛事就逐渐摆上了议事日程，足球联赛是能够让这项运动持续稳定存在的平台。1888年的英国，足球终于顺应人心地走上了职业化的道路——世界上最早的职业联赛正式启动。既然选择职业化，就意味着选择风险和利益并存的状态，也意味着俱乐部的公司化已是大势所趋。因此参赛的俱乐部在担心资不抵债的前提下把球队注册成了有限公司，这样也就规避了股东的风险。直到今天英国的足球俱乐部也是以极致的商业化管理而闻名于世。另一种足球俱乐部的类型是会员制俱乐部，这意味着球队的拥有者是球迷们，球队所作出的每一个决定都是由球迷们参与的，这尽最大可能保障了足球的纯洁。不过两种类型的球会说不上孰优孰劣，二者各有优势，彼此还时不时会羡慕一下对方的管理机制。

从1888年产生联赛起，百余年来的英国联赛已区分出多个等级，一个由足总统一管理的有机系统。这种系统一直遵循历史的节奏运行到最具转折性的1992年，在这之前，英国的联赛始终被分为四个级别，每个赛季通过升降级制度恪守着联赛的优胜劣汰。每一场比赛的门票收入都是两支球队均分，这样能很好地维护联赛的财政公平，并制衡各大球会的势力；或者说小球会因此从中受益，而大球队则显得非常不甘心——明明可以赚得更多的利润，凭什么要和小角色均分呢？因此，为了利益争夺，多家俱乐部和足总展开了经年累月的明争暗斗，每一次谈判拉锯，都彰显着利益主导人类本性的强力。

商人们借此看到了攻破堡垒的机会，他们联合提议让四级联赛中顶级的英甲联赛脱离出来单独运营，当时的英足总竟然出乎意料地支持了这个看似冒失的提议，只因为如此新成立的联赛就是自己权利触角的延伸，可以削弱对立组织的势力范围。英甲从独立迅速升级为英格兰足球超级联赛（也就是"英超"），并让商人们获得了丰厚的利润，一度成为历史上最受欢迎的联赛，无论是门票收入还是电视转播合同，英超都收获了最大的利益。只不过一家独大的情形对其他级别的本国联赛并非好消息——英超联赛"吸金"的能力直到今天都依然令人叹为观止。人们担心"草根"足球的被忽视和作为足球帝国大厦"地基"培养的青训系统建设的弱化问题，正日益凸显。不过英超时代也孕育出世界上最成功的豪门之一——20次获得英格兰顶级联赛冠军的曼彻斯特联队，这是一支不得不费些笔墨细细回味的球队，无论是它的"粉丝"抑或"死对头"，就像"凡有井水饮处，皆能歌柳词"一样，只要有足球的地方，都避不开这支"红魔"。

说多了英国，不妨换个视角，去到别的国家走走，比如位于比利牛斯南麓的那群"斗牛士"们。

西班牙现代足球的火种燃起于1872年的乌埃瓦，作为足球起源国和当时殖民统治的霸主，旅居当地的英国人把这个圆滚滚的精灵带到了伊比利亚半岛。很快他们的"游戏"就引起了当地人的兴趣，渐渐地，玩得人多了，足球在民间影响力日益加深，随之传遍了西班牙各大地区。1893年，这片土地有了第一场正式的足球比赛，这项赛事在1902年更名为西班牙足球锦标赛。

1909年，西班牙皇家足球协会这个全国性质的足球管理机构应运而生。1902年起，西班牙各地区之间就开始了跨区域的足球比赛，而全国统一的联赛则是到了1928年年末才正式拉开帷幕。发展到1970年，西班牙人确立起了甲、乙、丙三个级别构成的联赛架构，这个规定一直沿用至今。其中最高级别的联赛就是

第一章 历史长河中的足球

◎ 1903年巴塞罗那队员合影

◎ 1905年的马德里足球俱乐部

◎ 西班牙皇家足球协会标识

西班牙足球甲级联赛，而且西甲的参赛俱乐部累计15次获得欧洲冠军联赛（欧洲冠军杯）冠军，被认为是最有欧战实力的联赛。皇家马德里和巴塞罗那则是西甲成立之初即参加赛事的球会，也是西甲联赛中公认的最具影响力的两强。

皇家马德里足球俱乐部成立于1902年，由于在足球领域成绩斐然而被西班牙国王授予"皇家"称号，截至2014年，他们共赢得32座西甲联赛冠军和19次国王杯冠军。10座欧冠奖杯让皇马冠绝欧洲，成了名副其实的"冠军杯后花园"，也因为显赫的战绩与俱乐部综合实力排名，而在21世纪初被国际足联评为20世纪最佳俱乐部。

巴塞罗那足球俱乐部成立于1899年，截至2013年已赢得22次西甲冠军，26次国王杯，而4次欧冠夺冠的时限都集中在这最近20年内，这让巴萨成了进入21世纪以来最为成功的足球俱乐部之一。巴萨和皇马都是西班牙足球的象征，更称得上冤家路窄。仔细研究西班牙的历史，其近代史上出现最多的就是独裁与自治的密切联系，从卡斯蒂利亚人、加泰罗尼亚人，到加利西亚人与巴斯克人，火爆的民族性格和各大区复杂的自治政治，让这个国家总会身陷分与合的纷争之中。而这两支球队和城市之间的不解之缘，仿佛就像政治在足球领域的延伸——马德里的一家独大与加泰罗尼亚的自治呼声，永远是"剪不断，理还乱"地相互掣肘，并且占据着西班牙国家队名额的半壁江山。不开玩笑地说，马德里与巴塞罗那上演的"双城记"过去能够、现在正在并将继续为西班牙足球发展的土壤烙上浓重的印记。

说到足球同样不得不提德国。在2014年第四次夺取世界杯冠军的德国人是于19世纪70年代开始接触足球的，并且是第一个从英国引进足球的欧洲大陆国家。耐人寻味的是，这个足球强国的足球管理机构——德国足球总会，居然成立于莱比锡的一家酒馆中，那年正巧是一个新世纪的开端。1900年，这冥冥之中似乎暗示着它将在新纪元改变世界足球的发展历程。

1903年，德国跨区域的全国性比赛在汉堡开展，但是战争的硝烟一直笼罩着

◎ 德国足球甲级联赛标识

◎ 德国足协杯

日耳曼人的世界，使得足球发展变得举步维艰。二战之后的德国被一分为二，联邦德国和民主德国于1947年和1948年又分别成立了足协。联邦德国在1947-1948赛季正式走上了足球联赛的历程，到了1962-1963赛季，联赛冠军的头衔都归属于完整赛季所有比赛中表现最好的球队。联赛在1963-1964赛季更名为德甲，最先采用现在主流联赛的"主客场双循环制"，即每支球队都要和联赛中其他球队进行主客场一对一的较量，通过胜负积分模式确定最后的冠军。

20世纪70年代是德甲联赛欧战历史上获得荣誉最多的阶段，德甲球队总共夺得三次欧洲冠军杯，一次欧洲优胜者杯，三次欧洲联盟杯。待到1990年东西德统一之后的第一个赛季，原民主德国球队正式并入了联邦德国的足球联赛。但是西强东弱的经济格局，导致了俱乐部的发展也遵循着这样的规律——直至今日，德甲联赛和欧洲俱乐部比赛中，战绩辉煌的依旧是来自西德的球会。

在2001年之前，德甲联赛是由德国足协主办的。之后足协联合了甲、乙级共计36支俱乐部组成了名为"德国联赛协会"的组织，并成为联赛的主办方。这就确保了管理机构和俱乐部之间利益的平衡。德甲虽然不像英超那样赚钱，但对挖掘更多有潜力的年轻球员却是有百利而无一害，更有利于青训足球的发展以及

© 黑白时代的德国国家队

◎ 上下图:1954年的德国国家队

足球在全社会的普及推广。尽管德国在新世纪之初一度出现了人才断档的窘境，但是凭借扎实发展青训，德国人迅速强势反弹，而联赛则为成长中的年轻人提供了发展的平台。

拜仁慕尼黑队堪称德甲俱乐部中的巨无霸。成立于 1900 年的拜仁总共获得过 24 次德国顶级联赛冠军、16 次德国杯赛冠军和 5 次欧冠冠军，尤其是在 20 世纪 70 年代在贝肯鲍尔的带领下，创造了连续三夺欧冠的让人叹为观止的纪录。更让人惊讶的是，拜仁迄今还恪守着会员制的俱乐部运营方式，近几年球队更是在联赛和欧冠赛场上所向无敌，健康的财政与强势的战绩让这家"人民的俱乐部"走上了新的巅峰。

离开严谨务实的德国，再来看看浪漫热情的亚平宁半岛吧。意大利足球联赛开始于 1898 年，由当时全境各地区联赛的冠军汇集到一起，决出全国联赛的冠军。意大利是在 1915-1916 赛季才有了全国性的杯赛，只不过接踵而至的一战让足球搁置。1929-1930 赛季全国范围的职业联赛重燃战火，最终，国际米兰获得了联赛冠军，此后意甲联赛初见规模。

意大利人性格上患得患失，所以足球中他们更重视防守："少丢球、不丢球"是球队的目标。然而意大利人绝不是只会防守，在阻断对手的进攻后，球员们也会发动高质量的防守反击，打对手一个出其不意。他们将混凝土式防守和机会主义的执行力发挥到了极致，这直接帮助意大利的俱乐部赢得了 12 次欧冠冠军，7 次欧洲优胜者杯和 10 次欧洲联盟杯。

意大利足球与中国还有很深的渊源。1978 年意大利国际米兰足球俱乐部成为首支访问中国大陆的职业球队。当时的中国尚处于信息封闭时期，直到国际米兰结束访问启程回国，人们才知道有这么一回事儿。1989 年中央电视台正式开始以录播形式播放意甲联赛，而 20 世纪八九十年代正是意甲最辉煌的时期，大量国际顶级球星汇聚半岛，一时有"小世界杯"美誉的意甲，又怎能不在刚刚熬过精神

◎ 20世纪70年代的意大利球迷们

◎ 国际米兰首访中国：普里斯科和中国官员交换纪念品

◎ 国际米兰首访中国：担任国米总监的马佐拉在教中国孩子们踢球

第一章
历史长河中的足球

◎ 1978–1979 赛季的罗马队

匮乏年代的中国球迷心中留下深刻的烙印?

谈到国际米兰，就不能不提成立于 1899 年的 AC 米兰足球俱乐部：18 次意甲联赛冠军，7 次欧洲冠军联赛冠军的战绩象征着豪门的辉煌。只是 1908 年队中瑞士球员脱离球队成立国际米兰俱乐部一事，使得这两家同城球会始终带着历史的羁绊，为争夺米兰城霸主地位而"纷争不息"。

其实又何止米兰城？意大利球迷对于足球的狂热程度让人惊骇，遇到喜爱的球星他们甚至会跪下亲吻他的脚，甚至更夸张的举动都做得出来。热情尚且让人乐意接受，但是意大利盛产让人望而生畏的极端球迷组织，加之传统的黑手党、恐怖暴力活动、种族歧视的愈演愈烈，不仅惊动了意大利足协，更震动了欧洲足联。常理说来意大利人比较散漫和热情，二战的笑柄仍被世人调侃，但遇上足球就应了那句话："踢球像打仗，打仗像踢球。"

说完意大利就不能不联想起它的近邻法国。200多年前拿破仑翻越阿尔卑斯山征服了意大利，1998年世界杯，"高卢雄鸡"再次啄穿了亚平宁这只"皮靴"。不过足球进入法国却是1872年的事，依然是来自英伦三岛。凭借英国日臻完善的足球规则，法国在1898年进行了第一场正式的足球赛。事实上在1895年，法国已经产生了金帽杯赛，这项赛事不断吸引参赛队伍，最终演变成为法甲联赛的前身，并于1932年转向职业化。如今的法甲联赛拥有20支球队，法乙联赛则是次级联赛。除此之外，法国足协还组织了丙级这样的半职业联赛和女足联赛。但无论联赛级别的高低，法国人浪漫的天性使得他们的足球颇具观赏价值。曾经留学法国的改革开放总设计师邓小平同志，当年为了看球不惜当掉外衣，或许这段经历是他更重视足球发展，并提出"足球从娃娃抓起"的初衷吧！

20世纪70年代的法甲在欧洲具有较高的地位，普拉蒂尼领衔的圣埃蒂安队在联赛中一马当先，90年代是法甲在欧洲赛场斩获颇丰的时期。1996年巴黎圣日耳曼队勇夺欧洲优胜者杯，而在此前的1993年，马赛队就已获得了欧洲冠军杯。其后里昂队从2001-2002赛季至2007-2008赛季连续七夺法甲冠军，彰显了足坛统治级的水准。

法甲在短短几年的时间内赢得了外资的青睐，巴黎圣日耳曼队被卡塔尔王位继承人买下，摩纳哥队也被俄罗斯大亨收购。老板们都不惜血本为球队重金购置球星，可以想见，法甲俱乐部力争再次收获欧洲赛事奖杯，重振20世纪末的雄风，并非空穴来风的无稽之谈。

法国联赛影响力虽然不及前面提及的各国联赛，但这个国度在足球早期的发展中却起着举足轻重的作用：1928年雷米特组织了日后让足球风靡天下的世界杯足球赛，1960年德劳内筹办了欧洲国家间的顶级赛事——欧洲足球锦标赛。足球管理机构中的国际足联成立于法国，欧足联成立最初的总部也设在巴黎。

◎ 球星普拉蒂尼

众所周知，英法两国隔海相望、唇齿相依。它们曾经同病相怜，也有过"老死不相往来"的历史过节，关系不可谓不微妙，即便在足球上也是如此。也许是法国人骨子里的傲慢让他们不想让英国在足球领域独领风骚，不过客观地回望历史，对于足球在世界范围的推广和发展，他们的"傲慢"的确是帮了大忙。

## 两大热点之欧洲冠军联赛

欧洲是世界足球的核心地带，完善的市场机制和足球文化让欧洲产生了英、西、德、意、法组成的五大联赛，成为世界上最受欢迎和瞩目的俱乐部联赛。欧足联成员国中最好的俱乐部，会在每个赛季之间独立于本国联赛地之外进行比赛，这就是欧洲冠军联赛，简称"欧冠"。欧冠的前身是创建于1955-1956赛季的欧洲俱乐部冠军杯，1992-1993赛季欧洲足联对赛事进行了改制，在此之前赛事只有淘汰赛，而改制之后则变为了小组赛和淘汰赛两个阶段，赛事由此更名为欧

◎ 欧洲冠军联赛标识

◎ 英超热刺队球员迪福宣传由品牌商赞助的欧冠用球

洲冠军联赛。能够在欧洲众多俱乐部中脱颖而出，获得欧洲冠军联赛冠军，这是任何球队都渴望的无上荣耀。因为这是欧洲各国最强俱乐部之间的较量，获胜就意味着称霸欧洲。在这些获得过欧冠的佼佼者中，西班牙的皇家马德里俱乐部遥遥领先于其他球会，共计 10 次捧杯，意大利的 AC 米兰俱乐部以 7 次夺冠紧随其后。这项赛事是在欧洲顶级俱乐部之间进行的，而俱乐部中的许多球员都是来自世界各地的精英。竞争异常激烈，比赛也是精彩纷呈。

一个个足球传奇明星的名字与"经典战役"都铭刻在欧冠球迷的心目中，占据了极高的地位。在没有世界杯的年份，欧冠就是他们关注的焦点，即便是有世界杯的年份，他们对此的热情也丝毫不减。

## 两大热点之欧洲足球锦标赛

欧洲范围内的各个国家队之间有一项赛事，每四年举办一次，名为"欧洲足球锦标赛"，简称"欧锦赛"。这是欧洲各国在国家队层面的最高荣誉，夺冠将成为衡量欧洲体育强国的风向标。之前我们已经反复提到过一个名字，叫"欧足联"。它的全称是"欧洲足球协会联盟"，是一个于 1954 年成立的洲际足球管理机构。欧足联一直想要举办一个在欧洲国家间开展的赛事，经过不懈努力，第一届欧锦赛于 1958 年在法国揭幕。这样一来，四年一届的世界杯之间就多出了一个欧锦赛用以调剂，球迷们对此自然是乐得其所。相比较而言，欧洲在世界范围内是足球发达地区，国家之间的水平差距不是很大；而世界杯为了照顾各大洲国家的实际情况，参赛队水平反而会参差不齐。因此欧锦赛在观赏性和竞争性上绝不亚于世界杯。

有趣的是第一届欧锦赛并非今天这种一个月内各队集中厮杀的赛制，而是零零散散地进行，有点类似今天的国家队热身赛。比赛从 1958 年一直进行到 1960 年，苏联在决赛中曾战胜南斯拉夫夺得过第一届比赛的冠军。

CITY CULTURE
The March Of Football Field

◎ 1972年德国队在欧洲足球锦标赛上以压倒性优势夺冠

◎ 1992年欧洲足球锦标赛标识

直到1980年，欧锦赛也仍旧采用比较不同的赛制——各参赛国先进行主客场的预赛，直到决出四强，才会集中到举办地进行最后比拼。1968年的欧锦赛出现了让人惊讶的一幕，意大利和苏联队在半决赛中相遇，120分钟的比赛结束双方互交白卷。而当时欧锦赛又没有点球决胜这个说法，于是两队就要在"择日重赛"和"猜硬币"中选择。结果双方让人瞠目结舌地选择了猜硬币，意大利队长"伟大的左后卫"法切蒂幸运地猜对了结果，而他的幸运在当时的赛季一直没有停歇，决赛意大利和南斯拉夫打成1：1平，选择重赛之后则以2：0战胜了对手，获得了意大利迄今唯一一座欧锦赛奖杯。

1992年的欧洲杯上出现了一则足球史上的励志经典，当时作为参赛国之一的南斯拉夫因战乱被剥夺了参赛资格；而没能进入决赛圈的丹麦，被临时征召入替。当时正准备度假的丹麦球员们只有11天的准备时间，在不知情的情况下仓促地走进了这一"严酷的战场"。小组赛中他们跌跌撞撞，最终靠击败法国得以小组出线。人们都以为丹麦队能做到这一步就该知足了，因为他们半决赛即将面对的是拥有范·巴斯滕的荷兰队。结果顽强的丹麦队硬是与荷兰队战成了2：2，点球决战中更是凭借守门员舒梅切尔的神勇表现战胜了荷兰。在决赛中面对另一豪强德国队，丹麦全队更是众志成城稳固防守，并凭借反击以2：0战胜了对手。就是这样一支丹麦队，获得了这次欧锦赛冠军，后来这次夺冠经典被大家称为"丹麦童话"。

另一个相似的例子则是2004年欧锦赛。希腊队在德国主教练雷哈格尔的铁腕治军下，凭借严密的防守和高效率的反击，连克法国、捷克，在决赛中凭借查理斯特亚斯的头球搅了东道主葡萄牙的冠军梦，夺得了欧锦赛的金杯。要知道这仅仅是希腊第二次入围欧锦赛正赛阶段，而这次的奇迹是在"丹麦童话"后再次上演的"希腊神话"。

欧锦赛还开启了一个由多国合办大赛的先例。2000年欧锦赛第一次由比利时和荷兰两国联合承办。这一点倒也好理解，毕竟欧洲众多国家国土面积较小，单独承办会形成资源上的巨大压力，通过多国协作整合资源，则往往是皆大欢喜的双赢结果。此后2008年的奥地利和瑞士，2012年的乌克兰和波兰都如法炮制。这种合作共赢的模式还影响到了世界杯的举办。2002年韩国和日本的合作就是一个打破常规的新鲜尝试。

就最新发展来看，欧足联已经决定2016年在法国举行的欧锦赛中，将由16支球队扩军到24支以参加决赛阶段的比赛。这对于传统赛事引以为豪的球队与比赛质量会产生怎样的影响？是否会为了获得更多的商业利益而牺牲比赛精彩程度？也许只有欧足联主席普拉蒂尼先生心里有数了吧！

# FIFA 的诞生

各个国家在英格兰足球协会成立之后，也纷纷仿效创建起属于自己的管理协会。在此基础上，西班牙、法国、荷兰、比利时、瑞典和瑞士等国家的足球协会于1904年在法国组建起国际足球联合会。世界足球从此也就有了统一的管理和办事机构，这就是后来的国际足联。国际足联在足球发展的道路上一直起着推动和组织的作用，如今的世界杯、奥运会足球赛、世界青年锦标赛、17岁以下世界锦标赛、女足世界杯等诸多赛事都隶属于国际足联的管辖范围。

想当初，每个成员所在国都希望由英国牵头组成国际足联却被拒绝，到后来在零基础的前提下通过大量的工作和付出，让国际足球逐步拥有了今天完善的体系，这实属不易。好的体系必须有一个优秀的好管家，那就是国际足联主席。提及这个职位就此宕开一句，话说前任足联主席约瑟夫·布拉特是一个经常思维"脱线"的人，"大嘴巴"虽然不出恶言，但时不时会提出一些让人啼笑皆非的建议，比如希望比赛场上的女足运动员可以穿得更性感些，建议世界杯每两年一届，最可笑的是让卡塔尔举办世界杯。卡塔尔夏季酷热难耐，难道主席先生打算让世界杯在冬天踢？也许他是好心办坏事，也许他根本就是个足球的门外汉，但有一点是可以肯定的——他是一个彻头彻尾的政客。

◎ 国际足联标识

# 飞跃大西洋的美洲足球

拉美国家在足球方面绝不逊色于任何其他地区。阿根廷的阿甲联赛和巴西的巴甲联赛是高手云集的地方,之前几十年,拉美都是向欧洲俱乐部输送球星的"出口大国",但伴随近几年拉美赛事的兴起与俱乐部经营的日臻成熟,球星能拿到的薪水也不低于欧洲球队,众多旅欧的球星都回流到了自己国家的联赛里。

拉美国家的俱乐部之间也会进行洲际范围的比赛,称之为南美解放者杯。由于拉美国家都曾不同程度地拥有被殖民的历史,因而这个赛事的名称就有一种苦大仇深的感觉。而获得这个冠军的球队同样意味着在俱乐部层面上攀上拉丁美洲足坛巅峰。这项赛事的参赛者只能是南美足协下属俱乐部,包括巴西、阿根廷、乌拉圭、巴拉圭、秘鲁、智利、厄瓜多尔、哥伦比亚、委内瑞拉及玻利维亚等10个国家的俱乐部都可以参加。随着赛事影响力的扩大,近年来位于中北美洲的墨西哥俱乐部也不断报名参赛。

阿根廷足协成立于1893年,是南美最早成立的足协。足协负责组织阿根廷足球联赛和国家队集训、比赛等事宜。阿根廷早在1891年就有了足球联赛,尽管和欧洲远隔重洋,却是英国本土以外最早举办足球联赛的国度。1931年是阿根廷足球联赛走向职业化的一年。但由于地处南半球,与北半球生活的季节正好相反,所以足球联赛在其历史上经历过多种赛制,直到1991年确定为春秋季联赛并沿用至今。具体的赛制情况并不复杂:第一年的8月至12月为春季联赛,所有的球队进行单循环比赛,决出一个春季联赛冠军;第二年的2月至6月是秋季联赛,以同样的赛制决出秋季联赛冠军。于是这样的春季和秋季联赛,共同构成了阿根廷

◎ 南美解放者杯标识

◎ 博卡青年足球俱乐部所在地

**CITY CULTURE**
The March Of Football Field

足球甲级联赛的一个完整的跨年赛季。赛制的时间安排也与欧洲主流联赛基本一致，便于球员和球队与欧洲进行沟通。

博卡青年队是阿根廷足球甲级联赛的代表性球队，自 1905 年几名意大利移民在布宜诺斯艾利斯宣布组建这支球队以来，就开启了其辉煌的足球历程。起初他们只能参加低级别的联赛，直到 1913 年，伴随着顶级联赛声势浩大的"扩军"进程，他们终于获得了宝贵的晋升机会。这次给予博卡的历史契机成就了博卡的历史奇迹。从此，博卡青年不仅再未尝到过降级的酸楚，而且获得了 6 次阿根廷业余足球联赛冠军，25 次阿根廷足球甲级联赛冠军和 6 次南美解放者杯冠军，可谓是阿根廷联赛在洲际赛场上收获荣誉最多的球会。

阿根廷是一个深受欧洲影响的国度，近代历史上的每个阶段都有欧洲移民纷至沓来定居于此，逐渐搭建起这个国家的基石。在所有移民中以西班牙和意大利人居多，西班牙语更是成为这里的官方语言。在中国你可以说"往上数几辈，家里都是农民"，到了阿根廷恐怕就变成了"往上数几辈，都是欧洲人"。由于这种与欧洲，尤其是与南欧在血脉上的承继关系，南欧国家，比如意大利就在不同时期归化过许多意大利裔的阿根廷球员，而 1934 年和 1938 年两夺世界杯的冠军班底中就有"潘帕斯草原上

◎ 早期的阿根廷国家队

的雄鹰"的身影。

提到"潘帕斯草原上的雄鹰"的称号，那可是阿根廷球员的"专利称谓"。这是因为他们的足球深受南欧足球血统的影响，风格鲜明，讲求短传渗透和团队协作，这与强调个人技术与群星效应的巴西截然不同。同样，阿根廷球员的职业素养也是欧洲化的，律己能力很强，相比较而言，也许是天赋更佳的缘故，巴西球员则显得慵懒一些。如果说巴西足球酷似桑巴的热烈，那么阿根廷足球则拥有了探戈的优雅。巴西的贝利与阿根廷的马拉多纳就是跳着这两种风格迥异的"舞步"，走向了世界足球巅峰。

足球的世界里不能没有巴西的身影。这个南美地域面积最大的国家源源不断地向世界输送着足球天才，成为一股影响世界足坛的举足轻重的力量。巴西足协成立于1914年，专门负责运行巴西全国联赛的各个级别以及国家队。巴西地域广袤，但各地区经济文化发展差异较大，这使得这片被称为"足球王国"的热土，直到1971年之前都没能组织起全国性的、成规模的职业联赛，只有一些相对发达的州拥有自己的州联赛。

1971年是巴西足球甲级联赛诞生的一年，由于之前各州联赛赛制上的不同，造成了联赛早期运行的复杂与不稳定，参赛队最多时曾高达96支，而目前的巴西联赛，参赛球队稳定在了20支，采取欧洲主流联赛的双循环制。巴西足球俱乐部发展较好的地区是圣保罗州和里约热内卢州，巴甲冠军也经常出自这两个地区。这些球队在参加巴甲联赛的同时还会参加自己所在州的联赛，而这正是巴西足球的一大特色：赛事多，球队多。由此可观巴西足球群众基础之好，举世无双。在所有的巴西球会中最具代表性的要数成立于1930年的圣保罗足球俱乐部。这家俱乐部赢得过21次圣保罗州联赛冠军，6次巴西足球甲级联赛，拿下过3次南美解放者杯和3次世俱杯冠军。辉煌的战绩让这支巴西球会的国际影响力与日俱增，名扬海外，甚至连日本漫画《足球小将》都将主角大空翼编入了圣保罗队。

◎ 巴西足球甲级联赛标识　　　　　　◎ 2014年巴西世界杯标识

◎ 2014年世界杯期间的巴西街头

巴西人对于足球的热爱无须赘言，他们自己也常常调侃说"在巴西每个人都是国家队主教练"，罗纳尔多更是表达过"足球甚至让我忘记饥饿"的想法。正是这种忘我的足球热情，帮助巴西勇夺五届世界杯冠军！桑巴舞一样的足球风格，不仅助力球队傲视国际足坛，还极富观赏性。巴西的民族组成是非常复杂的，欧洲移民、非洲人和本地土著的大融合造就了这个由各色人种组成的国家，融合了各个人种基因的他们，在体育上有先天的优势。

由于葡萄牙殖民者对这里留下了早期的影响，拉美国家中只有巴西使用葡萄牙语而不是西班牙语作为官方语言。至于足球风格中的细腻技术和热衷个人表演，究竟是葡萄牙影响了巴西，还是巴西影响了葡萄牙一直都是个悬案。那些有关民族过往的疑问，会在后文中得到进一步的解释。

跨过巴拿马运河，飞跃加勒比诸国与墨西哥湾，我们就从南美来到了北美。作为传统的世界体育大国，美国人也有自己热衷的运动，比如棒球、橄榄球、冰球和篮球，只是这片大陆独缺足球的热度。之前的漫长岁月，这里就被称为足球的荒漠，平时喜欢踢球的人大部分都是拉丁移民或者其后裔，甚至美国人还别出心裁地生造出"soccer"一词取代习惯的"football"，让世界看清了这个新兴民族剑走偏锋的风格。美国足球大联盟的发展壮大也不过是近十年的事，贝克汉姆曾经在职业生涯的后期献技于此，而如今，这里聚集了越来越多尚未过气的球星。联盟的球队数量、球场上座率、赞助合同也在节节攀升，踢球的氛围也日臻浓厚起来，尤其是美国足球大联盟的品牌效应与价值日益提升，其产业触角已经蔓延到各大商业合作领域，商业效应也直逼三大职业体育产业。这不能不说是一场革命性的巨变。

美洲和欧洲一样，也有国家队层面的洲际比赛，名为美洲杯足球赛。这一赛事诞生于1916年，当时正值阿根廷独立一百年，时任总统伊里戈延提出了举办跨国足球大赛的倡议。这项赛事最初是每年都要举办，后改为不定期举行，直到

1959 年改为四年一届的赛制，主要参赛球队是南美足协成员国。事实上，坐拥像阿根廷和巴西这样的足球强国，美洲杯并不比欧洲赛事缺乏观赏性，不过让人大跌眼镜的是，获得这一赛事冠军最多的国家并不是这传统两强。那就请你猜一下获得冠军最多的国家是谁？乌拉圭！这个答案一定让你意想不到吧？别小看乌拉圭，在足球发展早期，它可是实力超群，除了美洲杯，它还赢得过两届世界杯足球赛的冠军。

至于美国，虽然也身处美洲大陆，但是他们基本不参加这项赛事，而是和墨西哥等国参加中北美金杯赛，那个或许才是他们心目中认可的洲际国家队比赛。不过情况即便如此，美洲杯每一次还是会盛情邀请一两个非南美球队参赛，邀请名单中美国、哥斯达黎加或者墨西哥等依然在列。可见足球在美洲大陆的影响力同样是与日俱增。

第一章
历史长河中的足球

◎ 左图：2015年美洲杯赛场上的阿根廷队
◎ 右图：2011年美洲杯足球赛标识

# 令人期待的亚非足球

亚洲和非洲同属于足球发展相对落后的地区，非洲球员由于身体条件优异，早已遍及欧洲各大联赛，超越了发展早于他们的亚洲。身价的低廉和被殖民的历史，使得众多非洲球员都会选择欧洲，尤其是选择法国作为开启足球生涯的第一站，所以非洲本土的足球联赛发展得并不理想，球员却是早就蜚声海外。

埃及足球甲级联赛开赛于1948-1949赛季，阿赫利体育俱乐部是其中的顶尖球会，该俱乐部创立于1907年，曾32次夺取埃及顶级联赛的冠军，6次获得非洲冠军联赛奖杯，在世界俱乐部排名中一度名列前30位。

非洲国家杯是这片大陆的国家队洲际赛事，1957年赛事首次举办，自1968年开始，比赛被定为两年一届，这在洲际国家队赛事中算是频率较高的一个了。埃及共获得过七次冠军，只可惜世界杯上他们却鲜能有所作为。非洲杯与众不同的地方就在于，赛事经常在欧洲五大联赛的赛季内进行，所以许多欧洲俱乐部出于球队成绩的考虑，不愿意放自己的非洲籍球员回国参赛，这也直接导致了球员、俱乐部和国家足协之间的矛盾。非洲杯也因为这些球星的缺席参赛而变得星光黯淡，受关注度也大幅下降。

亚洲足球的主导力量集中在东亚。日本的J联赛，韩国的K联赛和中国的中超联赛属于目前成型较早，具有一定规模且发展程度较好的职业足球联赛。而西亚国家的俱乐部依靠石油金元战略，吸引了一定数量的过气球星前去"养老"。凭借着雄厚的资金，西亚的金融大亨已经将收购的触角伸向了欧洲著名的老牌俱乐部。在亚洲也有俱乐部之间的洲际比赛，那就是我们熟悉的亚冠联赛。这同样

◎ 埃及足球甲级联赛标识

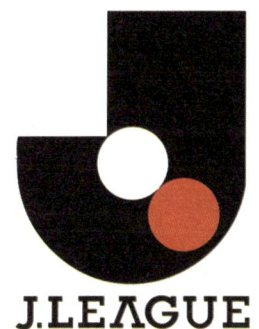
◎ 日本J联赛标识

◎ 韩国K联赛标识

◎ 中超联赛标识

◎ 2015亚洲杯足球赛标识

是亚洲范围内俱乐部的最高级别赛事。我国在 1990 年由辽宁东药队获得冠军，只是当时赛事的名称是"亚洲俱乐部杯赛"。此后，中国俱乐部在此项赛事中仍然保持着不错的战绩，大连万达俱乐部也曾杀入过决赛，只是遗憾地倒在了最后的点球环节。不过让人始料未及的是，自此之后，中国足球俱乐部便辉煌不再，甚至停滞不前。而中国球迷也陷入了执着与痛苦的徘徊之中。经历漫长的等待与蛰伏，球迷们终于等到了广州恒大足球俱乐部获得 2013 年亚冠联赛冠军的喜讯，这是跌入谷底的中国足球为数不多的亮点。荣誉不足以掩盖国足羸弱实力的现实，但对提升球迷的信心、改变假丑黑的现状、重塑中国足球的形象，无疑是注入了一针强心剂。恒大在短短两年不到的时间，就将一支身陷泥潭的疲惫之师，打造成登顶亚洲俱乐部顶级赛事的冠军球队。其建队的"恒大模式"值得更多关注的视角——这种尝试对中国足球未来的发展究竟是利还是弊？事关中国足球发展路线的问题，

### 科普一刻

## 什么是赛季？

赛季是指足球联赛的一个完整比赛的周期。绝大部分国家的足球联赛都是从当年的 8 月份开始，持续到来年的 5 月份，需要横跨冬季，一般一周一赛。冬季一般都会有休赛期，一是为了给球员圣诞和新年假期，二是方便球队在休赛期间买入进新球员。不过，买入买进球员是受两个时间段限制的：一个是夏季休赛期，一个就是冬季休赛期。有些国家比较特别，比如英国的英超联赛就是没有冬歇期的，圣诞节到新年之间赛程反而更多更激烈，被外界俗称为"圣诞赛程"。俄罗斯和中国联赛则是由于气候等原因不跨年，一般从当年 3 月末到 11 月初。如今俄罗斯已经改为跨年赛制，因为这样球员可以更好地适应洲际比赛的时间，优秀的球员可以更为顺利地转会欧洲其他球队。

◎ 日本足球明星中田英寿

◎ 素有"韩国贝克汉姆"之称的韩国球星安贞焕在 2012 年宣布退役

就留到后面再讨论，在此权且先埋下个伏笔罢了。

　　日本联赛被称为 J 联赛。日本其实早在 20 世纪初就推行了足球运动，并于 1921 年第一次举办了全国性比赛，但直到 1965 年，日本才拥有了自己的全国联赛。当时的球队都挂靠在各大财团名下，球队名称都由企业冠名，尚不能视作为职业联赛。自 1993 年日本职业联赛开始，球队由企业冠名改为使用城市命名，从此彻底走上了职业化道路。在 1998 年，J 联赛首次依照比赛水准的高低划分为 J1 和 J2 两个级别的联赛。也就在同年，日本国家队首次冲入世界杯决赛阶段，从此再也没有缺席之后的任何一届世界杯正赛。对待这么一个让人百感交集的对手，不得不承认日本人改革的果敢与魄力，大到维新变法，小到足球，一样的态度，相同的成果与收获。

　　1983 年是大韩民国超级联赛元年，最初仅仅是一个由两支职业队和三支事业

57

队参赛的小规模"超级"联赛，直到十年之后，即 1994 年，这一联赛才被改称为韩国职业足球联赛。似乎是冥冥之中成就了足球中的东亚双雄，与日本惊人相似的是，同在 1998 年，韩国职业足球联赛改名为 K 联赛。

相比东亚两强，中国足球协会超级联赛（简称"中超"）的发展历程始于 1989 年最初的足球联赛，而足球职业化进程的展开则要从 1994 年甲 A 联赛的开始算起，2004 年在改制于原甲 A 联赛的基础上，中超联赛应运而生。但这一改变并没有让联赛乏善可陈的现状获得改观，这或许是与日韩足球改革最大的不同，也变成了中国足球历史中最大的遗憾——因为错过了追赶足球强国最黄金的发展时段。

亚洲国家之间也有洲际比赛，那就是亚洲杯足球赛，自 1956 年香港举办了第一届赛事起，至今已经举办了 15 届。其中要数日本实力最为强大，夺得了最多的四次冠军，值得注意的是，中国队曾两夺亚军。亚洲杯赛事曾经与奥运会在同一年举行，这使得它无论从关注度还是从发展空间来看都会受到巨大影响，于是亚足联将原定于 2008 年举行的亚洲杯提前到了 2007 年，这样奥运会与亚洲杯集体扎堆的问题就迎刃而解了。

还有一点要提的就是类似土耳其、以色列这样的中西亚国家。这些国家地理上讲虽然属于亚洲，但是他们的足协已经接受了"脱亚入欧"的洗礼，即选择加入欧洲足联，所以他们参加的是欧锦赛而不是亚洲杯。而与此同时，澳大利亚则在 2007 年由大洋洲转入亚洲足联，参加亚洲杯赛事。各大球队来来往往，堪称一部足球世界的"围城"。

谈到球队名称，倒确有些事情可以讲讲：绝大多数中国足球俱乐部的名称都带着赞助商的名字，而其他国家的球队则很少有这种情况。如意大利的尤文图斯，队名意为"年轻人"；西班牙的皇家马德里队，是因为其战绩彪炳而被西班牙国王赐予了"皇家"的荣誉称号。那么为何会有这方面的差异呢？首先这是历史原

第一章
历史长河中的足球

◎ 恒大亚冠夺冠

因决定的,欧洲足球俱乐部普遍成立较早,最初的球会不以营利为目的,球队冠名自然也就不受商业的影响,如今许多足球俱乐部本身就是一个能够创收盈利的企业和品牌,所以没有必要在球队的名字中加上赞助商的名称。

中国足球由于特殊的国情,最初受到计划体制的限制,因而完全没有收入盈亏这方面的影响。20世纪80年代末和90年代初,伴随经济体制改革后,球队开始了职业化进程。由于脱身于计划经济、没有任何运营经验与创收能力,且球队

59

◎ 中超联赛火神杯

◎ 2014年阿里集团入股恒大足球

自身建设、管理等方面都与西方存在着一个多世纪的差距，因此其只得依附于国营或私营企业以维持生计。政府一般都会因为这些企业接手了球队而给予其政策上的倾向性扶持。这样一来球队带着赞助商的名字也是理所当然的了。诚然，不少国外的球队也有依托于大企业的范例，比如依托拜耳制药集团的德甲勒沃库森俱乐部，他们的球队名称中同样带有赞助商名称。但是欧洲球会历史悠久，赞助商的运营与给予球队的支持也是稳定而持久的。相比之下，国内的赞助商出于利益的考虑，则是三天两头地处于转让更迭之中。前面提到，足球俱乐部对于它的衣食父母——球迷而言，是一个近似于信仰的存在，而球迷普遍需要这种精神上的归属感。如果球队被贴上了赞助商的标签，球迷们就会疑惑他们所支持的到底是什么，是赞助商还是足球本身？这样一来，球迷对球队的依赖感就会下降不少。即便好不容易培养起了归属感，拉近了球迷与球员的距离，可惜球队又遭遇"改换门面"的现实，新东家代替了旧主人，刚刚情感上互相有了起色，又得重新开始忍受一段相互适应、磨合的阵痛，恐怕无论是对俱乐部还是对球迷而言都不会好受。所谓旧的不去，新的不来，话虽说如此，但现实往往是骨感的，一些球队因为经营不善，时常会从一个城市转战另一个，类似情形出现日与日俱增，于俱乐部于球迷，尤其是对中国足球而言，只会是有百害而无一利。

◎ 现代奥运会的创始人顾拜旦

# 奥运会：足球的"鸡肋"

当今世界杯是足球盛典中最隆重的一个环节，但最早将足球运动推上国际舞台的却是奥运会：1900年举办的第二届奥运会，就已经将足球列入正式的比赛项目之中。

不过很长一段时间，奥运会足球赛对于参赛者都是有严苛的条件限制，比如在1977年之前是不允许参加过上届世界杯的球员参与之后举办的奥运会的，简单来说就是职业球员不能参与奥足赛。1984年则更改为参加过世界杯的球员也可以参加奥运会，但年龄不得大于23周岁，此后历经多次修改，最后规定变为每队可以选拔不多于3名23周岁以上的球员。

在种种限制之下，奥运会足球赛变成了一项青年人的赛事，所以许多国家征召自己的球星时会受到俱乐部的阻挠。因为奥运会对他们而言远没有世界杯来得有吸引力，冒着受伤的危险参赛，于俱乐部于己都是一次利益的博弈，由此引发的各国足协和俱乐部之间为了球员征召展开的明争暗斗也日益激烈。

世界球星梅西曾执意要参加2008年北京奥运会，以至于闹到了要和巴塞罗那俱乐部通过体育仲裁来解决纷争的境地。基于历史上诸多这样的规则限制和利益纠葛，诸如巴西这样的足球强国没拿过奥运金牌，而非洲国家却屡现黑马奇迹的状况，也就不足为奇了。

# 世界杯：足球的盛宴

最后不得不提的当然就是世界杯。就在 1904 年国际足球联合会组建之初，第一任主席法国人罗贝尔·盖兰就提出了举办一个大型国家队赛事的想法，只可惜限于条件的曲高和寡以及国际风云的变幻莫测，便再无下文。

一战结束后当选足联主席的法国人于勒·雷米特再次提出这个想法，通过四周游说，他拉拢到了当地足坛霸主——乌拉圭，既然足坛的"扛把子"都表态要支持，那其他国家闻讯，自然也就心动影从了。此后的世界杯年中，乌拉圭队分别夺得了 1930 年首届世界杯和 1950 年巴西世界杯两次冠军，只不过此后辉煌未能延续，伴随其他诸强的崛起，乌拉圭很快就陷入了"王小二过年，一年不如一年"的情景之中。

我们已经知道第一届世界杯始于 1930 年，每四年举办一届。由于二战的阴霾，世界杯在 1938 年到 1950 年之间停办。世界杯的参赛队来自世界各大洲的优秀国家队，选拔球队的规则大致如下：各大洲通过预选赛选拔出成绩比较靠前的球队参加世界杯，最终入选的 32 支球队被分为八个小组进行比赛。截至 2014 年，五次夺冠的巴西是获得世界杯最多的国家，其队徽上也因此绣上了五颗星，人称"五星巴西"；紧跟其后的是获得四次冠军的意大利与德国；之后是两次冠军的乌拉圭和阿根廷以及一冠在身的英国、西班牙和法国。

世界杯由 32 支参赛国家队组成，每四支球队构成一个小组，共分为八组，前四组和后四组再分为上下两个半区。每一小组的四支球队进行单循环比赛，这一阶段为小组赛阶段，每小组前两名获得晋级资格，随后与相邻小组晋级的两支球

◎ 1930年的乌拉圭队

◎ 1930年第一届世界杯

◎ 贝利亲吻雷米特杯

◎ 大力神杯

队进行交叉淘汰赛，直至最后决出冠军，这便构成了淘汰赛。

世界杯现在使用的奖杯是由意大利设计师加扎尼亚设计的大力神杯，在此之前采用的奖杯，则是为了表彰第二任足联主席雷米特对世界杯做出的贡献，而于1956年更名的雷米特杯。当时规定连续三次夺得世界杯的国家可以永久保留这座金杯，而作为足球强国的巴西，也在1970年第三次夺冠后如愿永久保留了一座。可惜的是，1983年9月20日，一个不知名的盗贼破窗而入偷走了金杯，巴西足协只得制作了一个复制品作为替代。不过，随着规则的更改，如今大力神杯已不再会被任何国家永久保留。

其实无论金杯何去何从，世界杯的意义和重要性早已超越了足球的界限，政治、经济、科学、教育、社会、娱乐、音乐、传媒、时尚文化等都在其影响的辐射范围之内。

有这样一则与世界杯有关的趣事：日本前首相海部俊树在1990年意大利世界杯期间参加了西方七国首脑会议，当时他发现会场内各国领导或交头接耳或传递纸条，有的一脸兴奋喜形于色，有的则是垂头丧气，好似凉水浇头怀中抱冰。复杂的情形紧绷着海部的神经，就怕自己是被西方人卖了还在此与人浪费口舌。私下多方打探才明白，原来他们是在关注世界杯比赛的赛况！得知了这个让人哭笑不得的真相，海部"解除警报"，长出了一口气。能让列席如此重要国际会议的各国领导都喜怒哀乐形于色，可见足球与世界杯的影响力有多么大。

都说足球的影响力巨大，那么足球的影响到底有多大？足球是人类社会生活的产物，其对人类社会的影响也体现在诸多方面，而上面提到的这件逸闻趣事不过是沧海一粟罢了。

# CHAPTER 2 第二章
## 一座球场和一座城市

了解了现代足球的发展过程和现状,将目光更多地聚焦在现代足球的重要组成单位——俱乐部以及承接俱乐部赛事的球场和城市。通过对这三者的介入,深入地了解各支豪门球队的不凡历程与每一座著名球场的光荣历史,亲睹城市文化与足球文化的交集,感受属于一个城市的足球脉搏。

鉴于英国在近代足球发展史上所起到的举足轻重的作用,英国人在俱乐部和球场上的历史和故事就更值得我们去了解。先睹为快,第一站就去位于英国北部的工业重镇曼彻斯特,参观一下具有深厚历史底蕴的老特拉福德球场,感受一下那支曾让世界足坛生畏的"红魔"曼联。

# 曼联和老特拉福德

## 曼彻斯特

地处英格兰西北部的曼彻斯特市原隶属于兰开夏郡,此后因为区域调整,被划入1974年建立的、由十个都会自治市组成的曼彻斯特大区,进而成为英国第三大工业城市。

第一次工业革命时期,珍妮纺纱机和蒸汽机推动了这里的发展,曼彻斯特市(后面简称"曼市")开始升级成为英国乃至全世界的工业中心。今日的曼彻斯特坚挺地熬过了历次经济危机的阵痛期,转型为第三产业与工业并驾齐驱的城市,金融、科教和娱乐逐渐成为这里新的支柱。只有经历了工业衰退的考验,才能证明稳居英国一线城市的可贵价值,而曼彻斯特则是这串城市名录中的佼佼者。

作为外来游客漫步在曼彻斯特街头,会有一种别样的体验,因为这里的人口真的不算多:2005年人口统计时,曼市只有42.5万人口。也许正是因为这里的人口不多,曼彻斯特至今也没有地铁。想到了什么?没错,伦敦地铁拥有160多年的历史,不可思议的是,曼彻斯特这座城市反其道而行之。

英国人非常注意公共场合的礼仪,加之稍有傲慢的距离感,极少有人会满大街地谈笑喧哗。一旦有幸听到曼彻斯特人之间交流,会觉得他们的口音有一丝痞性。诚然这里是大都会,但这里的口音却透着一股挡不住的市井气,要说怎样描述这种感觉,听听贝克汉姆说话吧,贝克汉姆虽然是伦敦人,但是长期效力于曼彻斯特联队让他的口音也入乡随俗,择机惠听,会有别样感受。

第二章 一座球场和一座城市

◎ 19世纪初的"棉都"曼彻斯特

◎ 1949年的曼彻斯特市景

◎ 曼彻斯特市政大厅内景

◎ 曼彻斯特市政大厅纪念邮票

◎ 皮卡迪利火车站

第二章
一座球场和一座城市

◎左右图：曼联博物馆陈列着难以计数的奖杯与奖牌

曼彻斯特如今虽然出现了充满现代气息的商业街市，但依存于世的历史建筑将岁月的痕迹深深刻在了它的面容上。比如工业革命鼎盛时期建造的市政大厅，建筑的历史感无须赘言。需要多说的是：市政大厅的最高塔顶端矗立的既不是十字架也不是某个国王的雕像，而是一朵含苞待放的棉花蕊。这是因为棉纺织业将这座城市哺育壮大，并使它有幸得名"棉都"，所以市政大厅既不用宗教符号粉饰自己，也不用王权的表征来抬高自己，一朵棉花足以表达出一份源自工业革命的"人定胜天"的豪气。更有趣的是，当年棉花仓库所在地的路肩（北方人叫"马路牙子"）都是用铁板包裹起来的。当时载满棉花的货车每天都在这里装卸通行不息，过重的车身一旦轧上马路的路肩，就会将其碾得支离破碎，人们只好用铁板做起了防护。可是鼎盛时期的曼市每日不知要迎接多少货车，就算铁皮包裹也无济于事。不过，如今站在这"伤痕累累"的路肩旁，当年的情形会画面感极强地跃入脑海：世界各地的棉花都汇集于此，曼市的工人们将他们加工成纺织品再输往世界各地，甚至回到了棉花的原产地。与此同时，全世界的财富也源源不断地被曼市人收入囊中，而他们则忙碌到忘记了自己正在缔造一段传奇般的历史。

除了棉纺织业，曼彻斯特还在铁路发展史上留下了浓墨重彩的一笔，因为世界上第一段客运铁路就勾连着利物浦与曼彻斯特。曼市曾经被各种铁路线和站点盘踞，但如今，市中心只剩维多利亚和皮卡迪利两座主要干线的火车站。对利物浦这个英国港口城市而言，这段链接起工业中心的铁路反而将海运、工业产品和渔产品结合了起来，以当时来讲，那绝对是具有划时代意义的举动：棉纺织品借由铁路被运送上货轮再到世界各地，利物浦渔船的海货也借由铁路迅速地送达内陆居民的餐桌上，这种工业版的"速度与激情"又岂止是"伟大"二字了得？

这是曼市不同寻常的繁荣期，便捷的交通、庞大的工人都聚集在这个工业心脏里，这就是发展足球运动最需要的因素——汇聚人的力量。而当校园精英们来到曼市投身帝国建设时，足球也就被他们传播到了这片繁忙的土地，足球和劳工阶层一拍即合,曾经的贵族运动在工人的土壤里"星火燎原",毫无违和感!

## 曼彻斯特联队

曼彻斯特联队(简称"曼联")就是在这样的时代背景下诞生的。1878年,一群兰开夏郡和约克郡的铁路工人组成了名叫"牛顿希斯"的球队,它便是曼联的前身。而这支球队日后的辉煌显然出乎了他们的预想[1],只因为最初的他们担心实力不济,而没有参加1888年第一季足球联赛,直至四年之后。

由于彼时英足总规定,俱乐部不得为个人谋取私利,即便可以支付给球员薪水,但也是严格受限,因此牛顿希斯队最初的经营很不景气。1902年球队被推到了破产的悬崖边,好在一位"土豪"酒厂主约翰·亨利·戴维斯出手救市,从此牛顿希斯队不仅顺利改名"曼彻斯特联队",球队的战绩也一路飙升:1905-1906赛季,球队从乙级联赛升入甲级联赛,球队终于在参加联赛12年后得偿所愿来到顶级赛事的平台。在接下来的1907-1908赛季,球队更是一鼓作气夺得甲级联赛冠军。不过曼联队成绩能火箭般蹿升,得益于挖了某人的墙角。这个"某人"不是其他,就是当今曼联的同城"死敌"曼彻斯特城队(简称"曼城"),而当年,英足总处罚了同处曼市的"蓝月亮"[2]。

1907年,曼城俱乐部由于向队员违规支付薪水而遭到英足总处罚——5名官员被撤职,17名队员永远不能代表曼城队比赛。曼联主教练曼格诺尔挖来了比利·梅雷迪斯等五名球员,让曼联的实力迅速提升了一个档次。但此举也让日后的"红魔"得罪了同在一个城市的对手,并且这种敌视状态一直延续至今。但无论如何,

---

[1] 曼联是英格兰历史上最成功的足球俱乐部之一,其建队以来总共夺得了三次欧洲杯冠军、20次英格兰顶级联赛冠军、11次英格兰足总杯冠军、4次英格兰联赛杯冠军、1次欧洲优胜者杯冠军。其中2013年所取得的第20次联赛冠军,更使其超越利物浦队19冠的纪录,成为英格兰历史上获得顶级联赛冠军最多的球队。
[2] 曼联的别称是"红魔",而曼城的别称则是"蓝月亮",两队每次相遇比赛就被称作"红蓝大战"。

◎ 曼联队徽

◎ 20世纪初的曼联，中上为当时的主教练曼格诺尔

1910—1911赛季，球队再次捧杯而归，使得这次挖角行为至少现在看来，绝对是稳赚不赔的"好买卖"。

看着这支蒸蒸日上的曼联，戴维斯为曼联建设了专属的足球场，也就是日后被誉为"梦剧场"的老特拉福德球场。1910年，能容纳6万人的"梦剧场"竣工正式投入使用，有了良好的基础设施的保障，球队的成绩也始终保持在较高的水准。出乎意料的是，时任主教练曼格诺尔在帮助曼联拿到了1910—1911赛季的冠军之后忽然选择转投同城死敌曼彻斯特城队。结果失去了舵手的曼联仿佛忽然一蹶不振，陷入了长期的低迷状态。直到二战行将结束时，曼联才找到了伟大的继任者——马特·巴斯比。

### 巴斯比时代

巴斯比是苏格兰人，他在球员时代曾效力过曼城和利物浦队，所以在球迷心中，他拥有较高的威望，是一个少有的不被"敌对"球迷说坏话的人。曼联看中了他的人格魅力与才华，将当时还在盟军服役从事体育训练的巴斯比招致麾下，那年是 1945 年,而当时的巴斯比还不满 36 周岁。

巴斯比最伟大的一点是他更重视培养与使用年轻球员,这对俱乐部提出了重要的要求,不仅要从其他俱乐部和球员市场来购买球员,更需要注重球队发展自己的青训系统。

在科学的身体训练与重视技战术的前提下,曼联的战绩稳步攀升,并于 1947 年、1948 年和 1949 年,连续三年获得联赛亚军,1948 年他们还赢得了足总杯冠军,而在 1952 年,球队终于重夺久违了的联赛冠军。

曼联重视青训,他们将自己的球探派往全英国的球场,这很大程度上解决了后备球员的供给问题。从 1953 年开始,这套系统初现成效,以邓肯·爱德华兹为首的青训小将们在球场上逐渐崭露头角,外界也首次称呼他们为"巴斯比宝贝",而且这个称呼注定与后来"曼联 92 黄金一代"一同成为世界足球的青训典范。在新鲜血液源源不断的补充、支持下,曼联于 1956 年和 1957 年斩获两次联赛冠军。不过天有不测风云,1958 年巴斯比不顾足总的反对,坚持带队参加了欧洲冠军杯前身——欧洲俱乐部杯赛。当赛后他们乘坐的飞机从慕尼黑折返英国途中,发生了机毁人亡的惨案,事故造成了 23 人死亡,其中包括八名曼联球员,三名教练和当职官员。今天,在老特拉福德球场东看台和南看台的结合处,摆放着一尊风格庄严、肃穆的时钟,时钟指针永久地定格在了 1958 年 2 月 6 日下午 15 时 04 分,以纪念在空难中逝去的英灵。

在空难发生后的第二年,从厄运中有幸捡回一条命的巴斯比重新回到了主教练的岗位上,而俱乐部也对外表达了对巴斯比工作的支持,于 1959 年为球场安装了泛光灯,以满足欧洲晚场比赛的灯光需求。

经过巴斯比悉心调教,球队于 1965 年和 1967 年再次获得联赛冠军,并且在慕尼黑空难十年后的 1968 年勇夺欧洲俱乐部杯冠军,最终站上了欧洲之巅。巴斯比爵士高举奖杯,告慰了那些在天之灵!如今,曼联"红魔"的绰号可谓人人皆

◎ 贝克汉姆参与足球青训

### 科普一刻

## 什么是青训?

所谓"青训"就是指一支足球俱乐部的青年队训练体系,他们将适龄的具备足球潜质的孩子录取进入俱乐部,对其进行专业系统的足球训练,让他们从少年队升入青年队,然后择其优者进入俱乐部的成年队。这就是一支球队的造血机能,站在经营的角度来看,如果你能为自己提供优秀的选手就意味着省去了一笔高昂的引援费用,通过俱乐部青训成长起来的球员普遍拥有很强的归属感,球迷也会更加认可他们的"根正描红"。

◎ 慕尼黑空难纪念念钟

◎ 巴斯比爵士

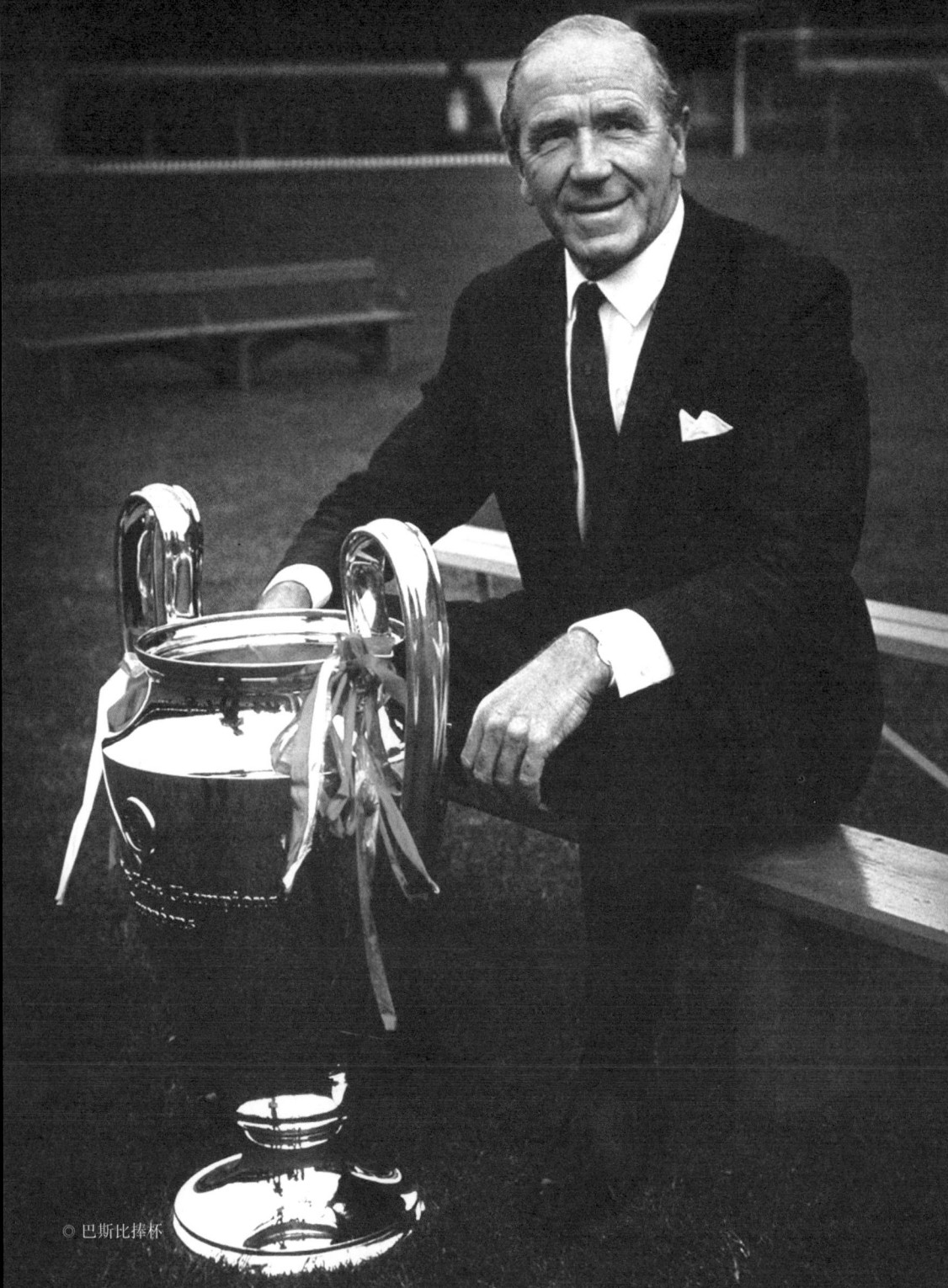

巴斯比捧杯

知,耳熟能详,事实上他们也是在这个时期被球迷豪迈地称呼为"红魔"的,但这个别名最初不是专为曼联而生。因为在 20 世纪 60 年代,索尔福德大学橄榄球队(Salford Rugby)战绩彪炳,由于他们比赛作风勇猛,又身着一袭红色球衣,故而得名"红魔"。

巴斯比将这个绰号送给了同样身穿红色球衣的曼联,伴随着球队与日俱进,"红魔"早已融入球迷的心里,成为球队不可替代的灵魂。从 1973 年开始,曼联的队徽中加上了一个手握钢戟的魔鬼形象,与印在队徽上方的汽船搭配得相得益彰——汽船代表了曼彻斯特的历史,运河与水运输出棉纺织品带给社会生产的巨大推动力;而"握戟魔鬼"的形象象征着一种不可战胜的魔鬼一般的力量,推动着曼联这艘巨轮在足球的汪洋中乘风破浪,不断创造历史,而曼联也的确在另一个伟大身影的引领下继续引领着足球的辉煌。

最终,巴斯比在"掌舵"曼联 23 年之后急流勇退,1968-1969 赛季也成了他的告别赛季。1994 年 1 月 20 日,巴斯比因病与世长辞,但这颗毕生奉献给足球与曼联的心脏,依旧与老特拉福德共享着曼联分秒不息的脉搏,庇佑着"红魔"在足球的征途上继续勇往直前。

## 弗格森时代

曼联在结束了巴斯比时代后,不幸再次落入谷底,直到 1986 年 11 月,挣扎在降级边缘的曼联解雇了主教练阿特金森,同时又迎来了一位苏格兰人——阿历克斯·弗格森。他曾经带领阿伯丁队打破了苏格兰足球联赛被凯尔特人和格拉斯哥流浪者垄断的局面,还带队拿到了欧洲优胜者杯冠军。虽然他最初并不那么引人注目,但不断刷新纪录的历史,使球迷们很期待他能让沉疴已久的曼联恢复"巴斯比时代"的活力。

弗格森从赛季中期接手球队,球队也最终以第十一名结束了赛季。之后的几年间，球队状态起伏不定，到了 1989-1990 赛季，战绩更是不升反降，这几乎让球迷和俱乐部高层耗尽耐心，弗格森本人也被推到了被解职的悬崖边缘。万幸的是，他率队"抢"来了这一赛季足总杯的冠军，也无意间拿到了开创曼联王朝的金钥匙。比赛中，他大胆派上了年轻前锋马克·罗宾斯，而后者果然在比赛中打进了制胜的一球。或许这就是命运的安排，或者说是弗格森自己抓住了罗宾斯这根"改变曼联历史"的救命稻草。在那个对曼联而言多变的赛季，弗格森的大胆用人布阵既让曼联在联赛中如履薄冰，但又成了他在曼联"神来妙笔"般执教风格的开端。当然，这座"雪中送炭"的奖杯却为曼联的未来"锦上添花"，它冥冥之中已经将弗格森与曼联的命运牢牢地拴在了一起。

虽然用现在的眼光看，弗格森的留任使得曼联走到了咸鱼翻身的十字路口，并且走上了一条开创辉煌之路。但回到二十多年前，当时的曼联依旧在蛰伏中起起伏伏：他们可以在 1990-1991 赛季战胜如日中天的巴塞罗那，勇夺欧洲优胜者杯；也可以在 1991-1992 赛季屈居联赛第二，失去夺得最后一个英甲联赛冠军的机会①。好在这一年曼联青年队拿到了青年足总杯的冠军，不过亮点却是这批初出茅庐的年轻人的名单：吉格斯、斯科尔斯、加里·内维尔、菲利普·内维尔、贝克汉姆、尼基·巴特。他们拥有一个让亿万球迷熟知而响亮的名字——曼联 92 班。

1992-1993 赛季英超时代正式开启，曼联挖来了利兹联

◎ 曼联黄金 92 班

---

① 下一个赛季，英甲联赛另立门户，改称英超联赛。

第二章
一座球场和一座城市

队号称"国王"的坎通纳,最终时隔整整 26 年再度登顶国内顶级联赛。此后的一个赛季,曼联"宜将剩勇追穷寇"包揽了联赛和足总杯双冠,但仅仅一年时间,球队又被打回原形,无缘双冠。球场就像一场博弈,改变只在弹指之间。球员老化、配置不合理的痼疾让弗格森抛出了自马克·罗宾斯之后的第二张牌:清洗球队,重用年轻人。就这一点而言,弗格森和巴斯比爵士十分类似,两个苏格兰老头都秉持着重用年轻人的优秀青训传统,就像相信自己的孩子能有所作为一样。而这群"孩子"也用实际行动回报了主教练的信任。"曼联 92 班"在 1994-1995 新赛季成了球队主力,这是英超成立以来前所未有过的大胆布阵,尽管赛季初开局不利,但是弗格森和他的"孩子"们并不信邪,他们在最多落后榜首球队纽卡斯尔 12 分之多的情况下,硬生生地在积分榜上反超对手,一举笑到了最后!能带领一支毫无经验的菜鸟球队征战顶级联赛,并在首个赛季即告夺魁,这不仅在英格兰联赛历史上,就连在世界足坛上也是罕见!而且正所谓年轻无极限,奇迹没有停止的迹象,凭借着年轻球员的成长,1996-1997 赛季的曼联再夺联赛冠军,从 1998 至 2001 年不仅完成了联赛三连冠,还于 1998-1999 赛季获得了当年联赛冠军、足总杯冠军和欧洲冠军联赛冠军,成为英国第一个成就"三冠王"伟业的球队。

弗格森就这么不声不响地将曼联带上了巅峰。"年轻战略"的成功不仅仅是初现成效,更像一部电影的名字《一球成名》,迅速取得了立竿见影的效果。不过伴随商业时代的降临,英超联赛再也抵挡不住金元摧枯拉朽般的侵蚀,2003-2004 赛季英超联赛迎来了有史以来最会花钱的金主——俄罗斯石油寡头阿布拉莫维奇。他收购了位于伦敦的切尔西足球俱乐部,将球队彻底变为其私人财产,并且一掷千金购买强援。其来势汹汹势不可挡,在 2014-2015 赛季便囊括了英超与联赛杯双料冠军,不仅让联赛头名易主,还打乱了曼联"年轻战略"的部署。虽然曼联这一赛季落得一无所获,并且面临着俱乐部被美国格雷泽尔家族企业收购、沦为私人玩物的局面,弗格森却依旧维持着曼联的青训传统,并在这个基础上调整挑选年轻球员的策略——即挑选兼有成为巨星潜质且符合市场需求的年轻人。虽然在以抠门闻名的美国老板名下举步维艰，但弗格森依然慧眼淘宝，网罗了来自埃弗顿俱乐部青训营的鲁尼与来自葡萄牙里斯本竞技的 C. 罗纳尔多。

曼联队自 2004-2005 被美国商人格雷泽收购，并从伦敦证交所退市以来，不断收到来自各方的"挑战书"。外资的"金元攻势"在收购豪门的同时也瞄准了中小球会市场，除了切尔西俱乐部，阿森纳、托特纳姆热刺、埃弗顿、阿斯顿维拉等多家俱乐部被不同程度地相继收购重组，而曼联的同城死敌曼城更是收到了来自阿联酋财团 10 亿英镑的支票。英超彻底进入了群雄纷争的时代，而昔日的霸主曼联也成了赛场上的众矢之的。不过即使在球队身陷困境之时，弗格森依然坚持着既定建队方针，耐心地等待着巨星的再度出现。能够在较少的资金投入与球迷期待的重压下，既保持住稳定、持久的争冠即战力，又最大程度缩短球员间磨合的阵痛周期，顺利完成新老交替，正是弗格森的苦心经营，使得曼联依旧保持着可喜的夺冠势头。无论是联赛赛场还是欧洲冠军杯战场，红魔虽然不复当年豪取三连冠时叱咤风云般的少年激情，但依旧呈现出一支传统强队令人生畏的成熟底蕴。

这或许就是弗格森的第二张王牌：以不变应万变。而这也是所有伟大教练一致的本色：冷静、沉稳、执着、坚持。

一个沉着冷静、临场执教经验丰富、时有神来妙笔，且懂得重用年轻球员的教练，同样也是一个不错的导师。执教曼联多年，弗格森始终在扮演这样的一个角色，做着相同的两件事：维护一名教练的权威；指导球员如何以更智慧的方式专注于赛场的风云变幻。他在自传和哈佛商学院演讲中都提到过："主教练的权威是不容被挑战的，一旦有球员认为自己更高明的时候，我就不得不让他离开了。"即便是面对曾经无可替代的铁血队长基恩，弗格森也会因他过分强烈的挑战欲而痛下逐客令。

◎ 弗格森曼联上任伊始

◎ 吉格斯

◎ 弗格森和 C. 罗纳尔多

贝克汉姆曾是爵爷眼中的希望，他时尚前卫，崇尚自由，与辣妹维多利亚的绯闻与婚姻，不断向商业靠拢的举动使他分散了球场精力，让弗格森这个纯粹的足球人感到气恼。尽管两人早已重归于好，但是弗格森总会不无遗憾地坚持："小贝本可以在足球上成就更大的辉煌。"

就连92黄金一代最为稳重的吉格斯也曾身陷声色犬马。为了挽救爱将，弗格森亲自赶往派对将吉格斯拉回家，而被挽救于"泥淖"的吉格斯则向他回报了自己全部的职业生涯。对于像他和斯科尔斯这样的肱股老臣，即便犯下再大的错误，弗格森从来都不吝惜赞美之词。

摆平了"老人"，还得操心"新人"的困惑，比如调和鲁尼和C.罗纳尔多在世界杯上的"积怨"。可以说，弗格森不仅是一名优秀的教练，更是一位出色的管理者与协调者。曼联队能在日益激烈的竞争中始终保持在争冠行列，并能于2007-2008赛季再夺欧冠，不得不归功于弗格森的悉心调教。所谓的"工欲善其事，必先利其器"。球员就是弗格森赛场运筹帷幄最好的法宝，是他教会球员控制情绪，学会调整状态，懂得团队协作，成就个人英雄的诞生。C.罗纳尔多正是弗格森心血的结晶，凭借着当年欧冠年的出色表现取得"欧洲足球先生"和"世界足球先生"的双丰收，从一个虽天赋异秉但情绪化严重、意志薄弱且缺乏协作精神的年轻球员，蜕变成能独当一面，关键时刻懂得挺身而出勇挑重担的球队领袖，除了C罗自身的努力，弗格森功不可没。天下没有不散的宴席，2009赛季曼联将当家球星以近一亿欧元的天价卖给了皇家马德里俱乐部，C罗远走伯纳乌，曼联也因而屈居联赛亚军。但在多年之后，当被记者问及与弗格森的关系时，此时在欧洲足坛已是如日中天的C罗，则展现出非凡的大度与谦逊，在接受《太阳报》专访时，曾经桀骜的少年却一反常态地感慨起在曼联的足球时光——"那是我人生中最美好的一段时期"，尤其提到了弗格森对他的教导就如同是足球领域中父亲对孩子的细心呵护：

"我在18岁时就来到曼联，是弗格森引导我如何在足球世界里成长。还有谁

第二章
一座球场和一座城市

◎ 左图：阿历克斯·弗格森爵士
◎ 右图：落座于"梦剧场"的弗格森雕像

比他更好吗？他是那么有经验，差不多有1000多名球员在他手下效力过，所以他最清楚年轻球员需要什么。他教会我最重要的就是做出合适的决定，不论在场上还是场下，做出正确的决定有多么重要，所以我把他视作父亲。他教会了我一切，帮助了我许多，在很多重要事情上给我指导。"

可以相信这是C罗发自肺腑的倾诉，是伟大教练对一个球星成长历程的重要影响，同样也是对一个伟大教练人格魅力最好的诠释。即便没有大笔引援、雄厚的财力，但教练的力量就在于使再平凡不过的球员也能三军用命，发挥出一流的执行力。2010-2011赛季，弗格森和他的曼联"孩子"们在没有大手笔引援的前提下捧起了俱乐部历史上第19座顶级联赛冠军奖杯，让盛极一时的利物浦队及其获得18次联赛冠军的纪录成为过去。虽然2011-2012赛季曼联在占据优势的情况下被曼城抢走了联赛冠军，但好的球队与教练都会从失败中吸取并学习到对己有用的价值。与其他教练不同，弗格森可以以一颗平常心看待并接受失败，但仅此一次，因为他会很快回来打倒你，从不为失败找借口而顾影自怜，2012-2013赛季的曼联替弗爵爷印证了这个道理——弗格森的"孩子"们夺回了联赛冠军，而且是在多场比赛均比分落后的情况下不断逆转取胜，这就是弗格森注入给曼联队的精神："以智慧的方式去赢得胜利，不惧失败，丢掉自怜，光荣属于曼联，'红魔'勇往直前。"

在收获曼联第20个顶级联赛冠军的历史性时刻，弗格森爵士却意外地对外宣布了退休的决定。执教曼联近27年，率队荣获38座各类赛事奖杯，总计1500场比赛，还有那史无前例的欧洲赛事三冠王，也许再多的溢美之词也媲美不了球迷送给这位老帅的礼物——将老特拉福德球场中气势最恢宏的北看台命名为"Sir Alex Ferguson Stand"（"阿历克斯·弗格森爵士看台"），因为那是最能触动这个坚毅老头内心柔弱的地方。就连在球场外，人们也为他竖起了神圣的铜像——比肩马特·巴斯比，对话博比·查尔顿、乔治·贝斯特和丹尼斯·劳[1]。

临近离别时刻，弗格森爵士难得幽默了一回："一般人都是死去之后才有雕像，我现在比死亡活得还长。"不妨捎上这句临别感言，告别曼联属于弗格森的时代，但红魔的灵魂已经深深烙上了他的印记，而更多的新鲜血液又纷至沓来：德赫亚、马塔、迪马利亚、布林德。放眼当下，曼联依旧在不断前行，而老特拉福德则将继续迎接每一次球迷的顶礼膜拜。

## 老特拉福德

从1893年到1909年，曼联一直使用场地条件很一般的克雷顿路球场作为专用主场。戴维斯在1909年豪掷六万英镑买下了靠近老特拉福德板球场的一块地皮，并请到了堪称球场设计界泰斗级大师的苏格兰人阿奇博尔德·利奇负责球场设计——斯坦福德桥球场、安菲尔德球场、白鹿巷球场等著名球场皆出自其手。

依照设计最初的构想，原计划容纳10万人的球场，由于物价上涨、超支等原因只得缩水座位到六万人。当时的球场四围只有一面看台有顶棚，所有的看台也只是一层面的结构。

球场最终于1910年投入使用，并于2月19日迎来了第一场比赛：曼联对阵利物浦。虽然最终曼联以3∶4败给了对手，但是当天涌入球场的5万多名球迷共同见证了这个"有史以来最好的球场"首次承接比赛的历史性时刻。

1910年落成的老特拉福德已经在2010年度过了自己的百岁寿辰，从这张百年球场纪念照大家就能发现其变化有多大。

今天的老特拉福德球场，是处于曼彻斯特大区特拉福德的一座能容纳76212人的宏伟建筑。球场外墙是和"红魔"相对应的红色，球场上方是由金属悬臂牵拉而构成的顶棚，顶棚下方是全红色座席的看台，绿色优质的草皮则被四面看台紧密

---
① 三位曼联俱乐部历史上最伟大的球员，堪称红魔历史上前场最佳"三叉戟"。

◎ 老特拉福德球场旧景

◎ 老特拉福德球场全景

环抱。从远处看去,充满现代感的金属悬臂和几何造型的球场外观极具视觉冲击力。

这个是欧足联评出的全英格兰三个五星级球场之一,全欧洲第十一大的足球场,曾经承办了奥运会、欧洲杯、欧冠决赛和世界杯在内的多项顶级赛事,更由于见证了很多历史性时刻而被称为"梦剧场"。

**北看台**

球场虽然名叫"老特拉福德"但是设施和配置可绝对不"老"。四个看台分别加装了顶棚,除了南看台紧邻火车车道,因而难以扩容,其他的三个看台都已扩建成为多层看台。

曼联俱乐部在 1994-1995 赛季买下了北看台外的一块地皮,对其进行了最大规模的一次改造:北看台被加盖为三层,拥有全部看台中最多的 25110 个座席,三级式的构造让每个观众的观看视角都不受影响,并且尽可能地缩小了观看位置与草坪的距离。1996 年,此球场承办了本土欧洲杯的三场小组赛,分别为一场八进四和一场半决赛的比赛。

在第二层和第三层看台中间位置设有 VIP 包厢,在这里看球就能享受到更为

**科普一刻**

## 足球场 vs 体育场

我前面反复在说的是"足球场"而不是"体育场",两者之间有区别吗?有,足球场是没有塑胶跑道的专为足球赛事建立的体育场馆,球场和观众席距离较近,气氛更热烈;体育场则是一个综合项目的承载体。因此,老特拉福德是足球场,而鸟巢则是体育场。

◎ 老特拉福德球场的北看台，现已改为阿历克斯·弗格森爵士看台

优质的服务和更加私密的观赛氛围，电视转播的镜头不时地会交代这片区域，你没准就有机会看到一些明星的面孔。

在北看台的内部还建有球队的博物馆。馆内藏有众多历史性的老照片，不同时期球队曾使用过的球衣，部分的比赛用球以及对一个俱乐部而言最重要的——那就是球队历史上所获得的各类奖杯。如果有机会亲临老特拉福德，你可千万不能错过去那里看看的机会。

2011年11月6日，时值曼联主帅弗格森爵士掌印曼联25周年纪念日，为了表彰他卓越的贡献，老特拉福德球场北看台正式命名为"阿历克斯·弗格森爵士看台"，2012年11月23日，北看台外侧也竖起了弗格森爵士的铜像，以纪念他执教球队 26 年这一令无数曼联球迷难忘的岁月。

**南看台**

南看台是老特拉福德所有四个看台里唯一的单层看台。之前提到过由于其毗邻火车道，改建成本与技术要求较高，并且还牵涉到 50 多所民房的征收与补偿问题，所以这个看台没有加盖第二层。不过这是整个老特拉福德历史最为久远，也是包厢最多的看台，球队的教练与替补席也设置于此。

普通体育场不会专门建设教练席，通常是在球场和看台之间摆放临时座席充当。作为专业足球场的老特拉福德拥有两个建在看台中的教练席：教练席和观众席只隔着一条过道，比赛中被替换下场的球员，都会经过这条过道走回替补席，或是接受球迷的欢呼，或是忍受四起的嘘声。如果走向座椅的时候，一旁的观众不仅报以热烈的掌声和欢呼，还会不停地拍打球员的肩膀的话，那么可见这位球员球场的表现一定是深受大家认可的。待到比赛结束，众多球迷会聚集过道旁向他们心目中的"英雄"们递上纸笔，乞求收获他们的"墨宝"。好在观众们普遍较为礼貌，行为举止十分克制，如果球队在赛场上局势不顺，他们会很安分守己。现在，教练席是被拆分为东西两部分的，主队和客队各占一边，比赛开始前和结束后双方教练都要走下教练席和对方教练及助理教练握手，哪怕心里都在暗骂"呵呵"。不过这是体育的礼节。你觉得这种举动太虚伪？恰恰相反，这正是足球绅士风度最好的体现——如果说赛前的先礼后兵体现出对足球永不言弃的勇气与执行力的话，那么赛后的化干戈为玉帛则是真正懂得竞争的本质——只有懂得尊重对手才有可能成就自我。

在教练席的旁边，有一个已经弃用的球员通道，这是球场最初的设计使然，通道有一定的坡度，所以球员们都养成了像爬楼梯一样跳入球场的习惯。老特拉福德曾经在二战期间被军队征用，看过美剧《血战太平洋》的朋友们都知道，稳重牢固的结构，使得战时的老特拉福德既可以用来驻扎军队，还能作为可靠的

◎ 南看台的教练席

### 科普一刻

## 球场的所属权

英国足球俱乐部的球场普遍归属于俱乐部自身，也就是俱乐部的私有财产，而有些国家的俱乐部使用球场则是归属于市政当局。所以俱乐部只要腰包鼓，就能对球场有包括修缮、改造、翻新等在内的自主权。但也有球会为了诸如修建或者新建球场的工程而背上沉重的债务负担；而市政当局对球场没有自主权，对球场运营的维护往往有赖市政拨款支持。

物资补给仓库。

由于球场在二战期间被军用化，因而招致了德军猛烈的轰炸。1940年12月22日，老特拉福德遭受空袭重创，损毁程度过半，几乎无法满足承办赛事的要求。刚才提到的球员通道则是此次轰炸中幸存的一部分，之后曼联队只得租用曼城队的主场——缅因路球场，继续艰难的赛程。1949年，老特拉福德终于涅槃重生，恢复旧制之后的"梦剧场"迎回了自己的球队，宛如一对离散多年的母子，终于骨肉团聚了，但要彻底修复这座饱经风霜、遍体鳞伤的球迷之家，则耗费了此后更长的时间。

如今的这条球员通道事实上已经在1993年被弃用，取而代之的是位于球场西看台和南看台结合处的新通道。新通道搭有可伸缩遮棚（用以防止球员被投掷物砸到），宽敞到足够驶进一辆汽车，两队球员和裁判员会在这里列队集结准备入场。如果需要放置入场地的东西高于球员通道的高度，则可以提升通道上方的看台高度，灵活简洁，也方便操作。

另外，南看台也是媒体直播区域所在地，电视转播和媒体记者都会集中在这个看台的中央，所以观众从电视转播上看到的比赛画面，都是由南看台这个视角转播的。老特拉福德在建设之初只有南看台装有顶棚，之后每个看台全部都加装了顶棚。由于当时技术所限，顶棚都是由位于场内的柱子支撑的，球迷虽然不用再担忧日晒雨淋，但观看视线却被一根根"铁将军"切割得支离破碎，直到1965年，为了迎接1966年在英国本土举办的世界杯，最终将支撑柱改造成为了悬臂结构。

**东看台**

东看台又被称为"记分牌看台"，顾名思义这里是摆放记分牌的看台，现在使用的电子记分牌是在1973年球场加盖顶棚时更换的。如今这个看台专门开辟出了残障人士观赛专区，并且免费为陪同人员提供座席。看台内曾建有一个球队精品商店，现在则移至北门，在那里能购买到关于曼联队的众多产品。另外北门上还有球队曾经的功勋主教练马特·巴斯比爵士的铜像。他右手叉腰，左臂夹着足球，极目远眺，仿佛在守护这片曾倾注了他一生心血的地方。巴斯比雕像前的这条路也被称为"巴斯比路"，在铜像对面和他遥相呼应的是球队传奇球星乔治·贝斯特、丹尼斯·劳和博比·查尔顿的"三圣像"，他们为球队带来的众多荣誉，吸引着世界各地的球迷们慕名而来顶礼膜拜。

值得一提的是，位于球门正后方的看台，原本是个露天平台，后来逐渐改造成为站席和部分座席分布的格局。站席距离球门那就真是相当的近。每当支持的主队在这里取得入球，狂热的球迷便会从站席上纵身跃下涌向球门的方向，汹涌的人潮构成了一波波的人造海浪，球场的气氛就这么被点燃了。东看台曾经还被称为"K"看台，聚集在此的球迷善于用明快嘹亮的歌声表达对球队的支持，现在这些有组织的球迷已经转移到了西看台的第二层，那里被称作"斯特雷特福德看台"。而球迷的歌声也成了足球文化的重要组成部分，关于这点，后面会有专门章节进行介绍。

球门看台是英国足球文化的特殊组成部分，那里聚拢起最死忠的拥趸。老特拉福德东、西两大看台，利物浦安菲尔德球场位于球门后方的"KOP"看台就是这样的看台。从黑白纪录片中我们看到，每当进球后，球迷们潮水般涌向球门时，真的是震撼异常。由于发生了像"希尔斯堡惨案"这样让人警钟长鸣的球场踩踏事故，作为惨案调查结果的《泰勒报告》说出了体育场馆配置站席所存在的隐患，包括球场设施老旧与不完善，安保人员数量不足，站席球迷数量监控缺失。以此为鉴，20世纪90年代球场被彻头彻尾改换为全座席，看台也远离了球门一大截。虽然这让追求视觉快感的球迷大呼遗憾，但是血的历史教训不能不引起对"生命至上"观念的再重视。

第二章
一座球场和一座城市

◎ 上下图：希尔斯堡惨案

### 西看台

拉回老特拉福德，它的西看台和东看台一样，出现过站席，如今也以全座席的全新面貌迎接各路球迷。不过，它是四个看台中最后加盖顶棚与取消站席的。

由于东西看台改为了全座席，这势必影响了球场的容量。为了弥补入场球迷减少带来的票房损失，俱乐部于2000年将东西看台扩建为双层看台，之前东看台的死忠球迷就是在这个时候移至西看台第二层的。这次扩建完成之后，球场总计可容纳68000人，但这还不是终点；2006年球场东北角和西北角也加盖了看台，最终形成了今天的规模。

这几次大规模改扩建都发生在英超成立之后，英超开启的运营模式，逐渐在将联赛打造为成功的商业王国。英超赛事为那些战绩显赫的豪门球队创造了巨大的财富，他们用自己的财富继续扩建球场，招徕更多观众的涌入，随之也吸引了更多的财富。这是一个滚雪球一样的积累过程，豪门俱乐部对此自然乐此不疲，而那些成绩并不理想的中下游球队呢？他们在电视转播费用、球场门票收入上与财大气粗的豪门之间的距离将越拉越远。英超纵然精彩，因为有豪门搭台，自然少不了一场场视觉盛宴，但这也同样凸显出维持众多中小俱乐部生计与发展问题的亟待解决的迫切性。他们的发展，才是促进豪门继续进步的重要环节。

将话题切回到球场内，足球比赛结束或者球员中途被换下场时，球员都会向看台上的观众鼓掌、挥手致意，而这种致意更多时候是指向死忠球迷聚集的看台方向。同理，所有曼联球员都会向西看台上的球迷致意，主教练也会在比赛结束时以同样的方式传达谢意。而球员通道正好位于西看台的角落，这样球员和教练就可以在退场时一边向球员通道走，一边向观众致意。此时球迷会唱起球队专属的歌曲向奉献体力与汗水的球员回礼，这或许是绿茵场上最温馨的瞬间，通过摄像机传遍球场内外的每一个角落。

这是足球文化中非常重要的仪式。正因为球迷是球队的衣食父母，所以无论一场比赛结果如何，都必须给予球迷的支持以最诚挚的敬意。如果缺少了这个仪式，那可是比输球还让人觉得不能接受，甚至不可谅解的事。要说与球迷赛后的致意、互动，德甲和意甲的联赛相对表现得更好。不知是不是对臭名昭著的英国足球流氓心存顾虑，英超球员在结束比赛后都会和看台保持一定的距离，个别明星级别的球员还配备专门的安保人员全程"护驾"；而德甲和意甲则没有这样的后顾之忧，尤其是德甲，球员们一般会站成一排向看台奔去，或者是在看台前所有球员一字排开，大家手拉手向球迷挥动手臂，同时收获来自球迷相同方式的祝福。甚至在取得一些重大赛事的胜利后，表现最为优异的球员自然会成为庆祝的焦点，被请上看台与球迷共同欢庆，或者举起扩音喇叭向球迷们喊话歌唱。这几乎都变成了一种约定俗成，所谓的人身安全大可不必操心。

## 草坪

老特拉福德的草坪使用并播种不同颜色的优质草种，这样会比较方便裁判进行关于越位的判罚。禁区里的草种与其他部分又有不同，因为这里将会是竞争最激烈的区域，所以这里的草必须十分坚韧，耐于冰封霜袭、践踏肆虐。

草坪铺开去，组成了一个长约 106 米、宽约 69 米的球场区域，而场边还有适量的细长区域的草坪供准备替补出场的球员热身使用。

球场的草坪是中间略高于两侧的，这样能有助于排出多余的雨水。草坪下铺设有地热管道，即便遇到冰雪覆盖的日子，也可以让草坪尽快解冻，以确保运动员人身安全。此外场地内还装配有为草坪喷淋的雨洒，比赛开始前会额外浇灌一次，以应对即将开始的"疯狂践踏"。

草坪对于足球运动员是极为重要的，因为它能帮助足球流畅地运行，确保球员奔跑的稳定性。可否想过，方寸的草坪甚至还会影响一个国家的足球风格？这可不是夸大其词。不妨在这里插一段简介——英国足球秉持许久的"高举高打"的风格。"高举高打",顾名思义就是把球高高地传入对方的球门区域,然后抢球落点以求射门得分。这种听上去简单粗暴的打法和草坪息息相关:英国的天气阴冷潮湿,在草皮保养还没有今天这么发达的过去,泥泞的烂草让足球无法很好地在地面上运转开。为了避免失误,球员们只得以高踢球的方式尽可能不让球体碰触草皮。结果,这种周而复始屡试不爽的风格,竟然成了英国足球的标志。相应的,那些日照充足、气候温润的国家,足球的"玩法"就更趋向于"地心引力"般的控球打法。随着大陆足球风格登陆英伦,英国足球也在更多外援球员、教练迥异风格的浸淫下转变了气质,况且今日的草坪早已告别了"菜地"的困扰。

### 科普一刻

### 球场的面积

球场的内场面积都是一样大小的吗?事实上不是。国际足联对球场内场的面积只有一个上限和下限的范围规定:球场长度在120米到90米之间,宽度在75米到64米之间。所以当你觉得眼前内场面积看看很小,那不是视觉差,而是的确比较小。此外,也听到过一些解说员这样说:某某球队的球场比较宽,球员们一定要学会利用宽度发动攻势。没错,那也是真的。

◎ 右图:老特拉福德球场外,博比·查尔顿、乔治·贝斯特和丹尼斯·劳铜像

# 博卡"青年"和他的"糖果盒"

## 布宜诺斯艾利斯

阿根廷拥有世界第八大面积的国土，曾经经历的殖民历史，让这里和欧洲产生了千丝万缕的联系。阿根廷接纳了众多西班牙和意大利移民，而他们也组成了影响这片土地最大的族群；其次是土著人和极少的黑人、黄种人。阿根廷的官方语言是西班牙语，但是他们所说的西班牙语中混杂着不少意大利语词汇和俚语，这种特殊的语言被阿根廷人称做"高乔西班牙语"。

"Argentina"在西语中是财富、货币的意思，西班牙殖民者初来此地便发现土著人多佩戴银饰品，误以为这里盛产贵重金属，因而就将这里唤作"阿根廷"。尽管阿根廷并不盛产贵重金属，但由于坐拥肥沃的潘帕斯草原，发达的农业让他们获得了"世界粮仓"的美誉。

体育是阿根廷的一张国家名片，球类与竞技类运动是这个国家的优势项目：篮球中已有多人效力于美国职业篮球联赛（即俗称的NBA），排球始终处于国际顶尖水平，网球、一级方程式赛车大奖赛（即F1）也都涌现出多位世界冠军。尽管在许多项目上有所作为，但足球始终是阿根廷人心目中体育的首选。之前我们已经提到过，阿根廷是英国之外最早的足球联赛发源地。足球被世界移民带到这里，经过百年沉浮，培育出马拉多纳、肯佩斯、里克尔梅、巴蒂斯图塔、梅西等足坛巨星。他们不仅在球场上独一无二，更是国民心中真正的英雄。

布宜诺斯艾利斯是阿根廷共和国的首都，也是南美洲第三大城市和第一大港

第二章
一座球场和一座城市

◎ 有"小巴黎"之称的布宜诺斯艾利斯

口城市。其西靠潘帕斯草原，东临拉普拉塔河的地理位置让它成为阿根廷国土上一块璀璨的宝石。布宜诺斯艾利斯拥有300万左右人口，全市国内生产总值（GDP）占全国的1/2。这里既是阿根廷与外界交流的港口，也是国家的核心。

布宜诺斯艾利斯是一座美丽的城市，她的美在于既有现代化的一面，又保留了欧洲建筑的风格。这让城市看上去就像是巴黎、纽约或者其他美丽的地方。码头附近你能看到近似热那亚风格的民居，五月广场上矗立着西班牙和意大利式的历史建筑。除了人造景观，这里的天空更是蓝得通透，整个阿根廷都覆盖着国旗上的那抹蓝，仿佛一切都被这抹蓝融化了。

作为港口城市，全国各地以及众多国家的货物都要由布宜诺斯艾利斯发往世界其他角落。布市因而可以通过港口的税收大赚一笔，这种"不劳而获"的优越感让这里增添了些许自傲。这个城市的另一个特点就是拥有众多的心理医生，每300人中就有一名大夫，甚至心理医生们也有自己的心理医生，这不禁让人好奇——布市的百姓对自己的内心要有多"挣扎"？

五月广场是来布宜诺斯艾利斯参观的人必须要去的地方，其地位类似北京天安门广场。这里是国家独立与民族自由的象征。1810年就在这里，阿根廷正式脱离西班牙殖民统治，成为独立的国家。为了纪念那些在五月革命中牺牲的英雄，广场上树立起了一座方尖碑，这就是阿根廷人民的"英雄纪念碑"。阿根廷的总统府"玫瑰宫"也位于这里。

阿根廷虽然长期处于西班牙殖民统治之下，但自从1816年独立之后，阿根廷人反而能敞开胸怀欢迎所有人来到这里定居。作为国家窗口的布宜诺斯艾利斯首当其冲，成了一个民族的大熔炉：全市98%的人口都是欧洲后裔，极少亚裔和非裔。正是这种移民造成的民族多样性特征，贡献给阿根廷专属的文化遗产——探戈。以意大利和西班牙乐器为基础，加入来自非洲的韵律与节奏，糅合了南美人天生的浪漫奔放，让这种舞蹈总能演绎得如痴如醉。不过这种舞蹈最初是由社会底层的妓女表演的，其热情程度一度让全社会，尤其是女性群体难以接受（这一点倒是和起源于美国新奥尔良妓院中的爵士乐有异曲同工之处），经过历史漫长的改良和持久的发展，才造就了当今热情奔放又不失优雅的风格。

说回到足球，作为港口城市的阿根廷首都布宜诺斯艾利斯是最早接触足球的城市之一，虽说那是欧洲人漂洋过海带来的消遣，但在南美大陆上不但丝毫没有水土不服的迹象，反而与南美人开朗热情的天性搭配得天衣无缝，遂即一发而不可收，孕育出了像博卡青年队这样蜚声海内外的国际顶尖足球俱乐部。

## 博卡青年

博卡青年竞技俱乐部是一个涵盖了多个运动项目的综合体育机构，旗下最有名的是他们的足球队——博卡青年足球俱乐部。1905年，五名来自意大利热那亚的移民青年在布宜诺斯艾利斯创建了这支足球队。换句话说：这是一支移民者的球队，意大利足球的传统融铸成了这支球队的精气神。

现在博卡青年队是阿根廷乃至全世界最成功的足球队之一，坐拥超过50项冠军荣誉的他们有资本傲视群雄。但铸就辉煌不是那么轻而易举的，在阿根廷足球联赛业余化时期，球队只能参加低级别联赛，直到1913年顶级联赛扩军之后，博卡才得到了自动"升级"的机会。此后的百年间，博卡青年都立于阿根廷足球顶级联赛，不仅从未降级，还成为冠军争夺行列的常客，的确有一股"任尔东西南北风，我自岿然不动"的霸气。

在这百年时间内，博卡青年在国内、国际赛场上都赢得了诸多荣誉：博卡获得了6次业余联赛冠军，而且在1931年职业联赛开始的第一年就赢得了首届赛事的冠军。截至2013年，球队在国内赛场上共获25次顶级职业联赛冠军，两次阿根廷杯冠军。

© 博卡青年足球俱乐部 2008-2009 赛季球衣，左上角为俱乐部标识

最让博卡人引以为傲的是：他们获得了包括六次南美解放者杯冠军和三次洲际杯冠军①在内的总共 18 次洲际赛事的冠军。世界各大俱乐部中，只有意大利的 AC 米兰足球俱乐部获得了同样数量的冠军。这两支球队共同"瓜分"了最多荣获洲际冠军头衔的世界纪录，如果算上 1919 年和 1920 年两次夺得的业余洲际赛冠军，那么博卡青年将在奖杯纪录榜上独领风骚。

建队之初，博卡青年队使用的是黑白竖条球衣，但不巧与另一支球队"撞衫"了，两队在 1906 年打了一场争夺球衣款式的比赛，双方约定获胜的一方才有资格继续拥有现有的球衣款式。博卡不幸落败，万般无奈下他们决定，将第一艘驶入布宜诺斯艾利斯市港口船舶的旗帜颜色作为球衣的标准色。而随后一艘瑞典籍的船只恰好驶入港口，博卡球衣就这么"就地取材"采用了瑞典国旗的蓝黄配色，加上后期多次设计上的演变，就有了今天蓝色衣裤、胸前横着一条黄色缎带的版式。"博卡"的队徽与球衣非常相似：一条黄色绸带贯穿蓝色盾牌，上面镌刻有"CABJ"②。

> **科普一刻**
>
> ## 升级与降级
>
> 一个国家的足球联赛都是由多个等级组成的，当一个赛季结束，某个级别的排名最高的两到三支球队会升入高一级的联赛，而排名最靠后的几支球队则会降入低一级别的联赛。这样，无论哪一等级的联赛，每个赛季都能迎接到一些新鲜血液的注入，联赛的竞争力得以维持。上面提到的博卡青年是个特例，最初球队并未经由战绩的实力升入顶级联赛，而是正巧撞上了阿根廷顶级足球联赛扩容幸运晋级。

---

① 博卡获得的六次解放者杯冠军具体年份分别是：1977年、1978年、2000年、2001年、2003年、2007年；三次洲际杯冠军包括：1978年、2000年、2003年。
② 这是博卡青年队队名 Club Atlético Boca Juniors 的缩写。

○ 马拉多纳在足球生涯的初期和末期都效力过博卡青年队

◎ 博卡青年主题餐厅

◎ 博卡青年主题商店

绸带上下排布着多颗象征冠军的星星，本国冠军在上，国际冠军在下，而在建队50周年之时用月桂枝叶图案装饰队徽的方案，更体现出博卡人对辉煌历史无上的敬仰，这种对历史的尊崇时刻激励着一代代博卡人为延续辉煌而前赴后继。

博卡青年队与同处布宜诺斯艾利斯地区的河床队"结怨"甚深，但凡两队交锋，必然有火星撞地球般的"壮怀激烈"。河床队属于内战内行型的球队，夺得过最多的阿根廷顶级联赛冠军，但博卡的"青年"们却不齿于河床洲际大赛差强人意的表现，这种对立情绪也蔓延到了两队的球迷——既然死敌河床队身穿红白相间的球衣，于是一切红与白的色彩，都被博卡球迷无情地抹成一片黑，就连糖果盒球场内赞助商可口可乐的广告牌都无法幸免。

事实上，两队矛盾的根本原因在于两队代表了不同的阶级：博卡拥有意大利血统，代表了底层平民；河床队则代表了中产阶级和富人的利益。二者之间的比赛和较量，某种意义上说是贫富差距过大造成的社会矛盾的延续与转移。矛盾爆发集中体现在足球上的表现就是：足球被球迷变成了发泄社会矛盾的渠道，所谓的"球场小社会，社会大球场"说的也许就是这个理吧！

博卡青年队曾使用过里卡多·埃切维里体育场，直到1940年才正式启用糖果盒球场并沿用至今。这是一支"平民球队"，拥有博卡的比赛日就一定是属于平民大众狂欢的节日。球场内山呼海啸的磅礴气势时刻提醒着人们：美艳动人的布宜诺斯艾利斯是移民们，尤其是最广大平民肩扛手挑创造出的人间天堂！

## "糖果盒"传奇

这仿佛是上帝送给"青年"的一份礼物——博卡在"糖果盒"里不断创造历史，而后者也见证了前者奇迹与荣耀的并举，并以特殊的方式激励着场上的11人再接再厉。而对球迷而言，球场中震天动地的欢呼声、肆意癫狂的跳动、潮起潮落般的人浪，足以把平日最腼腆的人活生生地改造成魔鬼。

比赛远未开始，球迷们早已黑压压一片占领看台，嘹亮的歌声此起彼伏不绝于耳，当球员通道敞开的一刹那，欢呼交织着咆哮让沉睡中的球场彻底苏醒，球门后方的看台很快就被漫天飞舞的的纸带覆盖，仿佛一面瀑布从球场顶端一泻千里，遮挡了看台的视线。无数球迷同时拿起黄蓝色的气球不断挥舞，旋即一一踏破，活像中国年三十儿晚上的鞭炮。据悉更早些时候，还有人在球队获得进球时，将亲人的骨灰抛洒入场，只为了却其欲与博卡共生死的毕生夙愿……疯狂如斯。

博卡青年队战绩突出，球迷数量也与日俱增，球队也不得不建设一座专用球场以容纳更多人观赛。1931 年，俱乐部在城南买下了一块地皮，但让人意外的是地皮买小了。起初大家一致坚持如此狭小的土地根本不够建造一座球场，为了弥补这个缺陷，球场的看台采取了近乎垂直的建造方法，尤其是拥有 VIP 包厢的一侧看台，简直与一栋公寓无异，至于球场内场的尺寸也刚刚好符合了国际足联的要求底线——纵向 105 米，横向 68 米。

球场自 1938 年开始动工，1940 年正式投入使用。开幕当天，博卡在此与圣洛伦佐队进行了一场友谊赛。球场于 1941 年加盖了第二层看台，1953 年又扩建至第三层。四面看台中有三面是无座椅的阶梯看台，几近垂直建造的包厢看台也与周边民居仅一街之隔，并且也只有一小部分的 VIP 包厢投入使用，看台上还附上了一座高大雄伟的方尖碑。至此，糖果盒已能够容纳近五万名观众前来观赛。1952 年，球场为承办洲际夜场赛事加设了照明系统，不过由于设施的老化，进入 20 世纪 70 年代之后，球队有了要新建球场的计划，但出于政治的干涉和经济萧条的原因而中途夭折。1996 年"糖果盒"被迫整体翻新，两侧球门后的看台依次加装座椅，只保留了部分站席，而垂直看台将最底层的部分改为开放式看台，其上部分为 VIP 球迷增开了更多专属包厢，比如马拉多纳的包厢。

近年来，在"糖果盒"附近新建一座可容纳 75000 人的球场已经排上了议事

**CITY CULTURE**
The March Of Football Field

日程，"糖果盒"不会被废弃，而是改作他用。

"糖果盒"让宏伟的球场多了一份幻想中的小清新。关于名称的由来，来自坊间的传闻颇多。一说是球场的设计师盯着眼前的球场模型瞅了半天，忽然发现和自己最爱的糖果盒很像，浪漫的天性让他决意以此命名球场。还有一说，就是设计师将球场模型装进了一个糖果盒，一个旁观者随口的一句"糖果盒球场"，反而让听者中意不已。所谓言者无心，听者有意，"糖果盒"就这么流传至今。球场曾分别以俱乐部主席卡米洛·西切罗与阿尔贝托·J.阿曼多的名字命名。不过，无论官方意向如何，相信球迷们最爱的还是那亲切上口的"糖果盒"。

如果你去布市旅游，最好去观赏一下这座球场，要是能进入球场看一场比赛，那就更完美不过了！球场距离五月广场约四公里的车程。不过到了比赛日，这短短的一段路程将变得热闹非凡，同时也拥挤不堪。布市的地铁虽然便捷，但唯独球场附近没站点设置，与其开车前往不如乘坐公交。"条条大路通罗马"，而在阿根廷首都，条条路线皆通"糖果盒"，去到博卡的圣地永远不是一件难事。

◎ 糖果盒球场外观

◎ 空荡的糖果盒球场内景

近期博卡俱乐部只对俱乐部会员售票,如果要买票最好找当地人同去,否则狡黠的黄牛党们自然不会错过这大赚一笔的良机。而观赛还有一些注意事项,了解一下会让看球变得更加安心:尽管球票上标有座位号码,但根本没人会对号入座,讨要座位可不是识时务的表现哦!如果见到部分球迷(尤其是球迷领袖)赛前吸食海洛因或者大麻什么的也别惊讶,这个可是再常见不过的了;最后,球迷在看台上不断地蹦跳会造成看台轻微的晃动(特别是在垂直看台),请忽略这种小小的不安吧。因为来到这儿,不就是为了感受激情的氛围,一睹足球带来的狂欢与热情的吗?

# 里约热内卢和马拉卡纳球场

## 里约热内卢

巴西是整个拉美国家中唯一说葡萄牙语的国家,也是民族融合程度最高的国家。巴西的每一种与众不同都或多或少可以从历史上找寻答案。

葡萄牙和西班牙是世界上较早进行环球探索的国家,凭借船坚炮利,两国都经历过辉煌的帝国时代。前面提到了阿根廷和西班牙的关系,如果说阿根廷的种族构成深受后者的影响,那么巴西的民族结构则受到了葡萄牙的影响。

1500 年葡萄牙探险家发现了巴西,并称这里为"圣十字架"。此后,殖民者在纷纷来到这里砍伐红木用以印染,于是这片盛产红木的土地,就被改称为葡语里的"红木"——Brasil。名字的更改反映了殖民者看中了巴西的物产和资源。于是葡萄牙将自己在非洲殖民地的黑奴运到这里,投入到了种植园的劳动中,之后几次移民浪潮,欧洲和亚洲的族群也纷纷流入这里,这造就了日后说葡萄牙语且混血人种非常庞杂的巴西。

阿根廷并不像巴西那样适合推行热带经济作物的种植,对劳动力的需求不是非常大,且西班牙在非洲的殖民势力也不比葡萄牙,因此黑奴就没能大量出现在阿根廷的土地上。这也是如今阿根廷极少有黑人而巴西黑人较多的原因。

从队员组成上也能看出这种差异:阿根廷国内只有极少量的黑人球员,白人球员为绝大多数。阿根廷的足球风格也是与西班牙一脉相承的,注重传接球配合;而巴西则有数量庞大的非洲混血球员,他们的足球则是善于个人表演的"桑巴足球"。

里约热内卢曾经代替里斯本成为葡萄牙的首都：19 世纪初期打遍欧陆无敌手的拿破仑给葡萄牙王室造成了极大威胁，王室担心将来无处可逃，于是就把这里当作了第二首都以备不测。果不其然，1807 年，葡萄牙王室被拿破仑赶到了巴西，直到 1820 年才得以迁回故都里斯本。不过，1822 年葡萄牙王室留在里约善后的佩德罗王子宣布脱离葡萄牙成立独立的巴西帝国。对远在欧洲的葡萄牙而言，管理远隔重洋的巴西的确是鞭长莫及的事，且又逢帝国国力衰退，葡萄牙不得不于 1825 年承认了巴西独立的事实。尽管国家名义上独立了，但殖民残留下的剥削逼迫着人民不断反抗，最终赶跑了国王，而之后追寻民主自由道路，巴西一直都走得举步维艰，直到一个多世纪后的 1989 年，整个国家通过全民选举推选费尔南多·科洛尔为总统，最终建立起一个拥有议会的多党执政国家。

今日的巴西工、农业领先拉美各国，旅游业举世闻名。成功举办世界杯和即将迎来的奥运会将为这片热土吸引更多世界的目光，作为世界杯和奥运会的主办城市之一，里约热内卢不得不提。

16 世纪初葡萄牙人发现巴西大陆，他们在这片土地上不断开拓。当探险家们于 1505 年 1 月从内陆来到这个紧靠大西洋的东南港口时，误以为此处便是一个巨大的入河口，于是将这里命名为"一月的河"，音译过来便成了"里约热内卢"。其中"里约"是"河"，"热内卢"是"一月"的意思，现在人们则更习惯简称这里为"里约"。

里约在巴西历史上的地位和作用无出其右，海港的天然优势使其从 1763 年到 1960 年都是巴西的首都（包括作为葡萄牙海外陪都的历史时期）。如今虽然降格为里约州的首府，其商业、工业、旅游业的全国心脏地位却不曾被动摇。其中尤以旅游业扬名四海。

里约人常说："上帝用六天创造了世界，第七天创造了里约。"而上帝似乎也特别偏爱这座城市，自然的森林、山峦、沙滩，人造的宫邸、雕像、摩天大楼，仿佛这就是上帝给予人世间的馈赠。作为巴西最大的海港，海滩是这座城市的最大特色，人口也是沿着海岸扩展分布，山峦走势自然地将海滩分割开来。

最为著名的科帕卡巴纳和依帕内玛海滩，景色自不必说，身穿比基尼的混血美女五官精致、身材曼妙，"盛产名模"的国度绝非浪得虚名。商人们纷纷选择在此会见客户，在阳光、沙滩和美女的环绕下就敲定了个把买卖；也许是上帝赐予他们特权的缘故，里约示威游行多到已成家常便饭的地步，似乎什么事情都能找到抗议的理由。就连像世界杯抑或奥运会这样的能推动经济发展的盛会，他们也照骂不误。矛盾如此之多，这个国度是靠什么团结起来的呢？答案就是宗教。

在巴西几乎人人有信仰，天主教为主，新教也有不少。里约的驼背山上矗立着世界新七大奇迹之一的救世基督像。1921 年，里约大主教提出了建造塑像的建议，由法国人保罗·兰多斯基设计并于 1931 年完成作品：基督展开双臂构成了一个十字架，悲悯地看着众人。如今这里成了里约的地标，几乎每一个站在威严雕像下的游客都会感受到一股强烈的艺术震撼力。这里还是全城的制高点，放眼四望你能看到沙滩也能看到城市中林立的建筑，当然也有贫民窟。

形态各异的简陋屋舍密密麻麻地顺着地势堆叠，那便是贫民窟之所在。巴西法律规定，一个人在无主之地居住达到一定时间，此地就能归其所有。这一法律条款恰恰是贫民窟形成的诱因。外界对于里约治安的负面报道层出不穷，让许多人轻信这里是人间炼狱，而贫民窟中也的确充斥着毒品和暴力，毒贩们带着比警察先进得多的武器出没于此，偷盗抢劫更是家常便饭。但贫民窟的居民们并非恶徒，很多人都是淳朴的百姓，社会发展的畸形让他们残喘于底层，但同时也走出了不少足球天才。

狂欢节是另一张让巴西举世闻名的名片。巴西人热情和乐天，使得桑巴与狂欢节在巴西备受推崇。在世界久负盛名的里约狂欢节中，参加游行的队列会打扮成各种风格，跟随花车，边跳桑巴边前行。围观的人群也能随着队列投入到狂欢的海洋。可以说正是里约，成就了经久不衰的狂欢节在民众眼中嘉年华般的地位。

◎ 里约的驼背山上矗立着世界新七大奇迹之一的救世基督像

说起桑巴,就会想起那些在球场上叱咤风云的巴西球员,标志性的桑巴舞步巧妙地与足球结合,形成了绿茵场上不折不扣的一道迷人的风景线。

## 马拉卡纳体育场

巴西人爱热闹,所以狂欢节才会如此声势浩大。还有什么能让这里沸腾?想来只有足球了,可以不夸张地说,巴西每一个角落都有为它如痴如醉的身影。

同样是从欧洲传播到这里,综合了各种血统优势的巴西人,很快发现自己非常擅长这项运动。足球随之迅速深入民间,建立起雄厚的群众基础。职业足球的发展帮助巴西渐渐奠定了世界足坛霸主的地位:从这里走出了以球王贝利为代表的多名足球巨星,五星巴西的称号传遍世界各地。

二战结束后的第一届世界杯,东道主巴西显得野心勃勃,他们决定建造一座能容纳 20 万人的体育场来迎接盛大赛事的到来。乍一听你会深感诧异,毕竟彼时不似今日,传媒的影响力有限,民众消费能力也不高。是什么让他们对球赛的上座率如此有信心?正是巴西人对于足球的狂热!在这份无限期待的热情下,马拉卡纳体育场工程紧锣密鼓地展开。场馆于 1948 年 8 月奠基开工,1950 年 6 月 16 日便投入使用,前后不到两年的时间就完成了体育馆主体的建设。

马拉卡纳体育场为了能容纳更多的观众,其多层看台向斜后方延伸较长,外形酷似一个巨大的碗口。后方球迷距离球场非常远,而最靠近球场的看台埋藏于草坪四周的深沟里,位于那里的观众,探出脑袋也只比球场草皮高出不了多少。凭借这种设计,马拉卡纳成了当时世界上最大的体育场。尽管卫生、通信等设施尚未彻底完成,国际足联还是批准新球场承办即将开始的世界杯赛事,于是建成 8 天后的马拉卡纳正式迎来了世界杯揭幕战:巴西对阵乌拉圭。

随后,马拉卡纳体育场承办了四场第一循环的比赛和包括决赛在内的三场第

第二章
一座球场和一座城市

◎ 左图：1958 年世界杯巴西夺冠，第一排中间为贝利
◎ 右图：贝利在马拉卡纳体育场留下了自己的签名和足印

◎ 明信片：1948年的马拉卡纳体育场

◎ 20世纪50年代的马拉卡纳体育场

◎ 为了迎接2014世界杯重新修建中的马拉卡纳体育场

二循环比赛，这场"最后对决"又在巴西和乌拉圭之间进行。在一个对于足球狂热异常的国度，面对即将上演的决战，亢奋的爱国情绪在人们心中高涨，大家纷纷涌向马拉卡纳，都想见证巴西勇夺第一次世界杯的历史时刻。据官方记载当时有 17.3 万余人涌入赛场，根据后期的调查和统计，实际上有超过 20 万人出现在马拉卡纳的看台上。

面对球迷们热切的期待，巴西在"只要打平就能夺冠"的大好形势下以 1∶2 负于乌拉圭队，整个球场瞬间陷入了极度悲伤的氛围之中，失落的情绪蔓延开来。四名球迷当场猝死，赛后还有十名球迷为之自杀，整个巴西都在哭泣。多年后不少巴西球星依然对此耿耿于怀，而媒体更是创造了"马拉卡纳打击（MARACANAZO）"这样的词汇以泄私愤。好在巴西国家队知耻后勇，才有了今日的辉煌，马拉卡纳也在逐渐摆脱这段不堪回首的历史往事。

其实这是一座充满了荣誉的球场，球王贝利 1969 年 11 月 19 日在这里攻入个人第一千个进球。1971 年 7 月 18 日，贝利又在这里举办了自己的告别赛。可见这座球场对一代球王的意义不言而喻。此外球场入口还有众多巴西足球巨星留下的水泥脚印，这些历史的记录和纪念，都是巴西人最引以为豪的国家荣誉。

球场最初名为"里约市政球场"，1966 年为了纪念著名的新闻工作者马里奥·费劳，更名为"马里奥·费劳体育场"。由于球场足够大，多年来很少进行大规模改、扩建。直到 1992 年 7 月，球场突发坍塌事故，导致 3 人死亡、超过 50 人受伤，为安全起见球场容量开始缩水，并且逐渐全部换上座椅，而到了 2000 年球场安装上草皮喷灌系统之后，场馆容量已缩水至十万人。

马拉卡纳归属里约州政府，作为巴西足球重镇，本地的弗拉门戈队和弗鲁米嫩塞队都以此作为主场。其他里约的球队偶尔也会使用这座体育场进行训练。为了提高赛场的使用率，马拉卡纳被建设成为一座综合型体育场，2007 年泛美运动会开闭幕仪式就是在这里举行的，巴西国家队也经常使用马拉卡纳作为比赛主场。

© 新马拉卡纳足球场的视觉效果图

其他时间，体育场还会用来承办商业演出，其中歌手保罗·麦卡特尼和弗兰克·辛纳屈的演唱会就吸引了超过 18 万观众入场而被载入吉尼斯世界纪录。

当巴西获得 2014 年世界杯的举办权时，毫无疑问马拉卡纳再一次成为此项赛事重要的承办场馆。为了适应赛事的要求，2010 年新一轮的改建正式启动，体育场更换了更为宽阔的顶棚，外形酷似一艘白色飞碟。此外出于观赛效果和安全考虑，球场容量又一次缩水至 7.9 万人。2013 年马拉卡纳经历了联合会杯的考核，并承办了 2014 年世界杯的 7 场比赛，其中包括一场 1/4 决赛和决赛，这使它成

为世界上第二个两次举办世界杯决赛的场地。此外 2016 年里约奥运会开幕仪式也将在马拉卡纳体育场举行。

  巴西足球在马拉卡纳经历过重创，但他们用乐观和坚持在之后的岁月里取得了辉煌的成绩。马拉卡纳体育场在这次改建中也曾经历了事故、罢工等曲折事件，2014 年世界杯巴西也不幸止步半决赛，未能重归马拉卡纳的怀抱，但笔者坚信五星巴西只是进入了蛰伏期，经历风雨洗礼后的巴西足球一定能让世界再度刮目相看，因为马拉卡纳从来不怕挫折。

# 从伯纳乌到诺坎普

## 西班牙语与民族独立

地处欧洲门户,面积占伊比利亚半岛 5/6 的西班牙,是一个历史悠久的大国。历史上曾经被罗马人、迦太基人和阿拉伯人等占领,直到 1492 年才由卡斯蒂利亚王国和阿拉贡王国联合组成了西班牙。与此同时,伟大的航海家哥伦布开始为探索新大陆而扬帆远航,而在欧洲诸强中,只有西班牙才有如此强大的财力成为这场世纪冒险真正的赞助者。在 17 世纪下半叶前,西班牙一直是这个世界上最强盛的国家,他们的殖民地遍布世界各地,可以说是最早的"日不落"帝国,其统治不仅限于领土的扩张与经济的垄断,在艺术、文学、哲学等领域同样百花齐放、引领时尚,成为文艺复兴时期最繁荣、强大的国家。

交代西班牙曾经的世界霸主地位,可以发现其对美洲由南至北的贯穿式殖民统治,即便这种统治早已寿终正寝,但这种对美洲国家的影响延续至今:大多数国家都将西班牙语作为母语,众多的西班牙后裔居住在这片土地上。正是因为这段属于西班牙的黄金时代,使得西班牙语成为大语种中的一个!就使用人数上来看,西班牙语是仅次于中文和英文的第三大语种;从使用范围来看,它是仅次于英语的第二大语种——近 30 个国家在使用西班牙语,21 个国家将其作为母语。中文使用人数虽多,但适用范围上却远不及西班牙语那般广泛,因为殖民统治是语言被广泛使用的关键,甚至由于地理因素,海外国家的西班牙语还发生了各具特色的变化,比如前面提到的阿根廷"高乔西班牙语"。

◎ 西班牙国徽

◎ 美国发行的哥伦布发现新大陆 500 周年纪念小型张

◎ 意大利 1992 年发行的哥伦布发现新大陆 500 周年邮票

◎ 马德里西班牙广场堂吉诃德雕塑

西班牙语在拉美国家普遍被称作卡斯蒂利亚语，因为最初进行海外殖民扩张的是卡斯蒂利亚王国，阿拉贡王国等其他共主联邦则无法插手海外事务。除此之外，西班牙由于民族的复杂性与地域多样化特征，还拥有众多不同于卡斯蒂利亚语的方言，比如加泰罗尼亚语、巴斯克语。

在欧洲人看来，一种语言和一个地区就应该是组成一个国家的必要条件。所以欧洲的国家相对较小，并且独立与合并的主张始终络绎不绝，比如比利时的弗兰芒人和瓦隆人，要让说荷兰语的和说法语的组成一个国家，难免不发生矛盾。

西班牙在欧洲属于面积比较大的国家。其中的加泰罗尼亚和巴斯克地区拥有隶属本地区特有的语言和种族，更倾向独立于西班牙而存在。弗朗哥独裁统治期间对于少数民族采取激进的打压和语言禁锢政策，导致地区民族矛盾激化，巴斯克地区甚至出现了"埃塔"这样的暴力恐怖组织。尽管独裁结束后的西班牙政府为了弥补错误而做出了相应的补救措施，但是独立的呼声从未停止过，历史问题也因此变得悬而未决。

西班牙国徽同样是这个国家历史与民族最直观的表征：国徽的中央有一个分为四个部分的盾牌，左上角的黄色城堡象征卡斯蒂利亚，右上角的红狮代表莱昂，左下角的红黄条代表阿拉贡，右下角的金色链网代表了纳瓦拉，最下方的白底红花代表格拉纳达。欧洲许多国家的国徽都体现了类似的情形，只是民族和国家的问题岂止存在于欧洲，世界范围更是如此。

之所以提到这些民族问题，是因为足球和民族的影响密不可分。

## 马德里

西班牙紧邻直布罗陀海峡，全国海拔较高，马德里位于其中部，海拔670米，是欧洲最高的首都。1562年，国王腓力二世将国都迁址马德里并大兴土木，到了卡洛斯三世时期，最终缔造了规模宏人的首都。如今的马德里拥有400万人口，是西班牙政治、经济、文化、金融中心与交通枢纽。

如果要用两个字来概括马德里，那非"皇家"莫属。由于历史渊源，这里名胜古迹甚多，树立着数以百计的凯旋门、广场和博物馆。其中就有收藏无数艺术瑰宝的普拉多博物馆，矗立着塞万提斯和堂吉诃德雕像的西班牙广场，摆放着马德里城市标志"熊吃草莓"雕像的太阳门广场以及外国游客最常驻足的有费利佩三世骑马塑像的大广场。对于皇家马德里的球迷来说，最神圣的广场要数"丰收女神广场"。每当球队勇夺冠军，他们都会来这里进行庆祝，并由队长亲自为"女神"带上球队的围脖。

位于马德里西部的皇宫建于1700年，由于时任国王菲利普五世生于法国，由其主持兴建的皇宫具有明显的凡尔赛风格。这座欧洲数一数二的皇宫拥有超过两千间房间，代表了波旁王朝的历史记忆，现在则变成了国王胡安·卡洛斯举办皇家晚宴的场所。

除了历史建筑，在这座城市中还有弗拉门戈舞和斗牛场是不能错过的。弗拉门戈舞是这个国家的国粹，最初是安达卢西亚地区吉普赛人的舞蹈。吉他自由的节奏伴着响板，配上舞者的脚步，充分表达了西班牙人的热情。斗牛是一个让许多人都无法理解的血腥运动，斗牛士挑逗戏弄直至屠杀愤怒的公牛，显得十分残忍。当然，公牛也有让斗牛士"翻船"丧命的时候；再想想潘普罗那奔牛节中以被激怒的牛追逐为荣的"疯狂"举止，西班牙人天生"多血质"的性格一览无遗。

不过，这座城市还有一个集"皇家""热情"和"自由"于一身的去处，那就是圣地亚哥·伯纳乌足球场。

## 皇家马德里

1902年3月6日，几名牛津与剑桥大学的校友成立了一支日后被评为"20世纪最伟大俱乐部"的球队，成立最初取名为"马德里足球俱乐部"。

大家或许发觉了，这支球队队名最初并没有"皇家"的称号，球队1902年刚一建队就参加了为庆祝国王阿方索十三世登基而举办的西班牙国王杯，尽管最终球队惜败给巴塞罗那队，但是其极具观赏性的战术打法给人留下了深刻印象。此后，经历了和同城另两支球队的合并改组，球队实力进一步提升。从1908年起，马德里俱乐部连续四年夺得国王杯冠军，一时传为美谈。虽然球队此后经历了一些起伏，但最终还是在1916年重夺国王杯。由于在国王杯赛事中历来优异的表现，阿方索十三世赐封这支球队"皇家"的称号。马德里足球俱乐部从此有了一个高贵的头衔，1920年6月26日，球队正式更名为"皇家马德里"足球俱乐部。更名之前，球

◎ 皇家马德里队徽　　◎ 皇家马德里球衣

◎ 阿根廷球员迪斯蒂法诺

队的队徽是由其名称缩写"MCF"三个字母构成的圆形纹章。更名后,队徽的顶端加上了一个皇冠以彰显贵族般礼遇与荣耀。1931年当西班牙短暂地改为共和政体时,也曾撤销过皇冠的标志,直至1941年恢复旧制,其后队徽样式经几番修改才有了今天的样子。

1943年,曾经效力于皇马的圣地亚哥·伯纳乌"反哺"球队,正式就任俱乐部主席一职。他不仅兴建起崭新的球场,还带领球队获得了配得上"皇家"头衔的辉煌战绩,其转折点是1953年皇马购入了阿根廷球员迪斯蒂法诺(1926-2014)。迪斯蒂法诺作为在贝利和马拉多纳横空出世之前最伟大的球员,与亨托(1933年至今)、普斯卡什(1927-2006)组成了三剑客,为皇马赢得了无数冠军和荣誉。迪斯蒂法诺加盟皇马的第一年,球队就赢得了21年来首个联赛冠军,并获得了参加1956年欧洲冠军杯的资格。结果球队一一战胜自视清高的其他诸强,拿到了赛事最后的冠军,皇马从此便一发而不可收,连续五年夺得欧冠冠军。这个令人惊骇的五连冠成就,竖起了欧冠历史上一道几乎不可逾越的标杆。当球队在欧洲赛场所向披靡的同时,其在国内赛场也一样驰骋一方。正是这个阶段的辉煌为皇马荣获"世纪最佳球队"的称号打下坚实的基础。

进入20世纪70年代之后,球队没能继续在欧冠比赛中的强劲势头,但好在在国内联赛球场上,球队表现依然难以逾越:从1972年至1980年6次联赛冠军的战绩依旧笑傲群雄。而进入80年代后的前5年,球队却突然无任何冠军进账,进入了一段低谷时期。不过,通过引进新球员和挖掘本土的潜力新星,皇马出现了被称作"五鹰"的著名球员:埃米利奥·布特拉格诺、米格尔·帕德萨、马丁·巴斯克斯、曼努埃尔·桑奇斯、米歇尔·冈萨雷斯。他们的崛起让皇马一扫多年的阴霾,1985年与1986年皇马两夺欧洲联盟杯冠军,联赛更是从1986年至1990年再次连中五元,夺冠好似探囊取物。美中不足的是,之后球队连续三年倒在了欧冠半决赛的门槛上,这个让人唏嘘不已的情节,宣告了"皇马五鹰"时代的正式结束。

◎ 属于劳尔的皇马主场

90年代初的球队在又一轮新老交替中归于寂静,与其相反的是,作为其竞争对手的巴塞罗那则连夺四座联赛奖杯。为扭转局势,1996年皇马请来了铁腕教头卡佩罗,以劳尔为代表的新一代球员加入球队阵容,提供了宝贵的新鲜血液,球队战绩也可谓立竿见影——1997年,皇马重夺联赛冠军;更可喜的是,球队在1998年的欧冠决赛中战胜了如日中天的尤文图斯,时隔32年后再次拿到了欧冠冠军。此后球队再度发力,2000年欧冠再夺魁,三年两夺欧冠的骄人战绩,仿佛预示着皇马时代的再度降临。

进入新千年之后,皇马迎来了新任主席弗洛伦蒂诺,这位建筑业巨头计划将皇马打造成一艘"银河战舰"——不断招徕巨星加盟吸引世界眼球和商业资本，追逐体育产业利益最大化。在这个阶段，齐达内、罗纳尔多、贝克汉姆、欧文等人纷纷被买进球队，甚至连死敌巴萨的当家球星菲戈都被硬生生罗致帐下，一时间争议四起，无论好坏，这种极高的社会关注度达到了新主席的预期目标——球队凭借齐达内等巨星的发挥，第九次捧起欧冠冠军奖杯，为俱乐部百年诞辰纪念送上了一份厚礼。在盛极一时的同时，球队厚此薄彼的巨星政策，也招致了被冷落的、曾经为球队战绩付出汗水的蓝领球员的不满，一时间球队军心不稳，战绩起伏不定，这逐渐变成了"银河战舰"维持下去的最大隐患。为应对这一危机，弗洛伦蒂诺仓促推出"齐达内+帕文"新政（即巨星领衔，提拔青年球员进入一线阵容），但试验结果并不理想，赛季失败让对手巴萨抓住机会再次夺回了联赛冠军和欧冠冠军。这不仅预示着"新政"的彻底破产，也让他失去了皇马主席的位置。虽然卡尔德隆短暂接任球队主席，但由于他承诺的引援和成绩都未能一一兑现，2009年，失望的人们再次将期待的目光投向曾经的弗洛伦蒂诺这位新政先驱。弗洛伦蒂诺保持着商人执着果敢的风格，依旧挥舞着巨星支票，刺激着大众敏感的神经——投入近一亿欧元的天价为俱乐部购买了C.罗纳尔多、卡卡、本泽马等当红球员，更史无前例地在主教练身上一掷千金——将率领国际米兰勇夺欧冠冠军但执教风格狂放不羁的穆里尼奥招入麾下。虽然金元与巨星的豪赌，打破了巴萨在联赛赛场上"一家独大"的局面，但是接连折戟欧冠半决赛让具有浓厚欧冠情结的皇马难以接受，而执教风格自信、大胆、狂放不羁，同时又唯胜利是瞻的穆里尼奥，又与皇马的球队性格格格不入。于是"魔力鸟"①魔力不再，取而代之的则是善于杯赛作战的实用主义者安切洛蒂，就此，皇马又开启了一个全新的时代。2013-2014赛季，皇马终于在安切洛蒂带领下勇夺欧冠，时隔12年之久重登欧洲之巅，成为欧冠十冠王。

① 穆里尼奥绰号"魔力鸟"。

## 伯纳乌

圣地亚哥·伯纳乌球场是皇家马德里足球俱乐部的主场，它位于马德里市中心，距离著名的太阳门广场仅有四公里。这座顶棚覆盖三面看台，四角有塔形基座的球场外表看上去庄重威严，和城市浓郁的皇家气息相得益彰。伯纳乌球场之所以为世人瞩目，是因为球队的伟大，皇家马德里队虽然是世界范围内最伟大的足球俱乐部之一，但是在伯纳乌球场建成前，他们一直没有真正拥有过一个属于自己的稳定的比赛主场。

20 世纪初，皇马在名为奥唐纳（Campo De O'Donnell）的球场比赛，1924 年搬至更大一些的查马丁球场比赛。但是到了 1943 年查马丁也无法接纳更

◎ 伯纳乌球场外观

◎ 伯纳乌球场

多的球迷了,时任俱乐部主席的圣地亚哥·伯纳乌决意要为球队修建一座配得上其身份和地位的十万人球场。1944年10月27日新球场奠基动工,到了1947年12月14日正式投入使用。落成典礼当天,皇马与葡萄牙比兰伦斯俱乐部进行了一场友谊赛。当时球场正式名称是"新查马丁",直到八年后为表彰和纪念具有远见卓识的主席,才更名为圣地亚哥·伯纳乌球场。

最初伯纳乌是一座能够容纳7.5万人的双层看台球场。1954年,球场较长的一侧看台加盖了第三层,使球场可接待量扩大到了12.5万人。皇马在20世纪五六十年代堪称战绩显赫,六次获得欧洲冠军杯,其中的五次冠军是连续获得,所有到场观看的球迷见证了这一前无古人、后无来者的"奇迹"。球队所向披靡,球场也不甘沉寂。伯纳乌在1964年承办了欧洲锦标赛,并见证了决赛中西班牙的"捧杯"——西班牙战胜了苏联拿到了第一座国家队的大赛奖杯,而在2008年欧洲杯之前，那可是西班牙国家队在国际赛事中所获得的唯一的冠军头衔。

进入 70 年代，俱乐部曾想在城北建造一座新体育场，恰巧西班牙获得了 1982 年世界杯的主办权，于是，依照世界杯的赛事标准改建伯纳乌的提案取代了新建的计划——球场三面两层的看台被加盖了顶棚，添置了大量的座椅，这让球场可接纳观众人数缩减至 9 万人左右。正式的比赛日中，球场承办了第二阶段淘汰赛中的三场比赛以及意大利和德国最后的巅峰对决。

由于 80 年代欧洲范围内发生了多起球场事故，欧足联至此要求球场必须改为全座席，这就让伯纳乌的容量继续缩减至 5 万人。时任俱乐部主席门多萨当然不会对此置之不理，他决定为整个球场加盖第三层看台以及四角的塔形建筑，这项工程从 1992 年开始，完工于 1994 年。事实上，伯纳乌最近的一次改扩建在 2006 年才告结束，球场已经具备了现在大家所看到的样子——外形庄严，内场配备蓝色全座席，无时无刻不透露出符合"皇家"典雅高贵的气质。

## 巴塞罗那

巴塞罗那是位于伊比利亚半岛东北角的西班牙第二大城市，是加泰罗尼亚地区首府，也曾经是阿拉贡王国的都城。作为哥伦布开启大航海时代的起点，它象征着西班牙曾经勇往直前的无畏精神，代表着一颗征服世界的雄心。

这里不同于寒暑温差较大的马德里。坐拥全欧洲最宜人气候的巴塞罗那，一年四季都不会太冷太热，是一个非常宜居的城市。在旅游和商业方面巴塞罗那不输给任何城市，这不仅是因为城市天气好，还有美丽的海滩。尤其是曾经为了迎接 1992 年奥运会，政府将很多港口建筑和工业设施拆除，海滩的魅力便更加尽显无遗了。

城市中极具特色的建筑使得巴塞罗那闻名遐迩。其中最有名的是西班牙建筑大师安东尼奥·高迪的作品——圣家族大教堂。这座至今仍在建设中的新哥特式和现代主义风格的宗教建筑给人以深深的震撼感。高迪坚信直线是属于上帝的，因此全建筑没有任何一条直线和一块平面，教堂的装饰被用来隐喻圣经中众多典故，直插向天的塔尖更能表现出张力十足的宗教皈依感。这一切使得圣家族大教堂成为唯一尚未完工就被列入世界遗产名录的建筑。巴塞罗那城几乎没有摩天大楼或玻璃幕墙的建筑设计，罗马人留下的哥特风格的遗迹加上众多现代主义建筑的映衬，使英国皇家建筑学会于1999年将皇家建筑金奖授予了这座城市。

语言是这座城市的另一大特色。这里的语言主要有卡斯蒂利亚语和加泰罗尼亚语。后者更是加泰罗尼亚大区的语言，几乎所有的巴塞罗那人都能听懂，并且近七成的人还会操持这种语言。

红黄相间的旗帜是加泰罗尼亚的象征，而在球场上高举这面旗帜不断创造辉煌的，就是加泰罗尼亚人心目中的英雄——巴塞罗那足球俱乐部。

巴塞罗那足球俱乐部成立于1899年11月29日，当时的瑞士企业家甘伯召集了几个英国人和加泰罗尼亚人组建了这支名叫"巴萨"的球队[1]。

球队的球衣参考了瑞士球队巴塞尔的红蓝配色，而队徽则采用了市徽：左侧为红底白十字，右侧为加泰罗尼亚旗帜惯用的红黄色。20世纪20年代，巴塞罗那经历了建队以来第一个辉煌时期，1922年启用并能容纳三万人的大教堂体育场见证了这个时期的到来。但是伴随着西班牙国内局势的动荡，球队受到了非体育层面的折磨——甘伯被迫辞职，1937年时任俱乐部主席的约瑟普·索诺尔更是被独裁者弗朗哥枪毙。好在球队顶起重压丝毫没有退缩，于1945年、1948年、1949年、1952年、1953年五夺联赛冠军，1949年和1952年还两次获得拉丁杯。

1973年，被誉为"荷兰飞人"的克鲁伊夫加盟巴萨，预示着俱乐部第二个辉

---

[1] "巴萨"是加泰罗尼亚语对巴塞罗那的简称。

◎ 仍在修建的圣家族大教堂

◎ 巴塞罗那队徽

# CITY CULTURE
The March Of Football Field

煌期的到来。在其效力期间，他为巴萨拿下了一次联赛冠军和三座欧洲优胜者杯冠军。他在退役之后选择执教了巴萨，并以主教练的身份继续为球队赢得了 1991 年起的连续五次联赛冠军，值得铭记的是在 1992 年，巴塞罗那足球俱乐部赢得了球队历史上首个欧冠冠军。这支由一代名将率领的球队因此被冠以了"梦之队"的称号。

克鲁伊夫对于球队的贡献不止于让人称羡的成绩，他将阿贾克斯的青训体系植根于巴萨，为巴萨建立起拉玛西亚青训营，接纳来自世界各地的未来的足球精英，从这里走出了多位伟大球员，如今叱咤绿茵场的梅西就是其中的一位。幼年时被诊断出生长激素分泌异常的他，曾被断言在成年后无法继续长高，巴萨看中了他的才华，负担了为他治愈这一怪疾的全部费用。如今梅西为球队摧城拔寨屡立战功，以各项荣誉回报了"拉玛西亚"的恩情，也正是在此期间，即 21 世纪的前十年，堪称"巴萨的十年"，他们不仅获得了国内联赛冠军，更是赢得了两座欧冠奖杯。在如今豪强并立的世界足坛，能在欧冠赛制改革后囊括如此多的冠军，理应获得众人的敬仰与膜拜。

回眸这段辉煌时期，其转折点发生在 2003 年的一系列举措：拉波尔塔出任巴萨主席，里杰卡尔德成为球队教练，在引进巴西球星罗纳尔迪尼奥后，球队终于找到了适合巴萨战术的最后一块拼图，来了一次华丽的蜕变。而伴随前

◎ 1977 年，荷兰足球巨星克鲁伊夫和他的家人（图片由 Anefo 提供）

巴萨球员瓜迪奥拉成为球队新主帅，围绕着"控球至上"的战术理念在具体比赛中的展开，这种尤其适合南美球员的足球哲学帮助梅西迅速蜕变为顶级巨星，球队也以华丽的球风与压倒性的优势战胜对手。与此同时，西班牙国家队也受益于巴萨的成就：以巴萨球员为基础的西班牙国家队一举夺得两届欧洲杯和一届世界杯。由此可见，巴萨之伟大恰如球队座右铭："不只是一支俱乐部"。这支球队继承了城市的血脉，向着自由一往无前。

## 诺坎普

如今诺坎普球场作为巴塞罗那足球俱乐部的主场早已蜚声世界，而如果没有巴萨建队最初使用教堂体育场的默默无闻，就没有如今诺坎普的辉煌。尽管前者屡次改扩建，终于扩容至六万人，但仍旧远远不能满足广大球迷的要求。1953 年当选巴萨主席的桑斯，将建设新球场的愿望落到实处——1954 年球场奠基，1957 年工程竣工，同年 9 月 24 日，巴萨与一支华沙精英队的友谊赛为它开幕。

球场建成初期拥有两层看台，足够容纳 9.3 万人，当时球场的正式名称是巴塞罗那足球俱乐部球场，但外界普遍称呼他为"Camp Nou"。这个词汇在加泰罗尼亚语中是"新球场"的意思。因此读起来应该是"坎普诺"，英语的读法才是"诺坎普"。俱乐部在 2000-2001 赛季进行了为球场确定名称的球迷投票，结果显示"Camp Nou"成为球场的正式名称。

诺坎普于 1959-1960 赛季安装了泛光灯用于承办欧战赛事，并在 1964 年同伯纳乌共同承办了欧洲杯上的重要赛事。1981-1982 赛季，球场第二层看台添加了私人包厢以满足更多私人看球的需要。而为了迎接 1982 年世界杯的召开，球场继续加盖了第三层看台，这使得球场总容量接近 12 万人。绿色草坪搭配红色座椅的看台，带给人全新的视觉感受。世界杯期间，球场承办了揭幕战、第二阶段

◎ 1957 年的诺坎普球场

◎ 比赛日座无虚席的诺坎普球场

第二章
一座球场和一座城市

三场比赛和意大利对阵波兰的半决赛。进入 90 年代，为响应欧足联的安全倡议，诺坎普于 1998-1999 赛季将球场内的站席全部改为座席，虽然容量减少为不到 10 万人，但也正是在这个赛季，诺坎普被欧足联评为五星级球场。

诺坎普巨大的容量让它看上去十分雄伟壮观，但只有正面的看台安装有遮雨棚，在近十年内，俱乐部一直在有计划地改建球场，安装环绕球场的顶棚便成为重中之重。虽然还处在图纸阶段，不过从官方给出的效果图来看，倒是颇有几份北京鸟巢的风范。

近些年来诺坎普和伯纳乌都开发了一系列球迷参观球场的旅游项目，包括了球场、更衣室、新闻发布厅、荣誉室、球队商店等。一番参观即可帮助你清晰地体会两支豪门球会截然不同之所在：参观皇马的经历，就是无数次被要求着幻想

◎ 左图：改建后的诺坎普球场内场效果图

庄严、高贵的过程,在这里,球队的荣誉与辉煌高于任何个体,即便是明星云集,但一切都是由这艘"银色战舰"成就的;而巴萨的世界永远充斥着人的身影,那是一个个鲜活的生命"个体",无论是场上的球员还是球迷。有必要留意一下那堵电视墙,它不断播出不同国家和种族的球迷热情高呼"巴萨"的场景,镜头里的每个人都是巴萨不可或缺的一部分——汇聚人的力量,何愁球队辉煌不再?

两支球队、两种精神,不同的风格,同样的冠军理想,可以说缔造西班牙足球的就是这种对理想无上的服从,无论是球队至上抑或人定胜天,可以相信西班牙球迷是幸福的,做一个西班牙的球迷也是如此!

## 皇马与巴萨的对立

一边是"银河战舰",一边是"加泰罗尼亚之魂",两支风格迥异的豪强,每一场较量都能擦出激烈的火花。球场竞争、强者之间的对话本是天经地义,但此二者之间的对立就不止于单纯的竞技层面。

西班牙是一个多民族国家,民族之间的矛盾冲突由来已久。而二战前后弗朗哥的独裁统治使得民族矛盾与日俱增。狭隘的民族主义和法西斯文化"大统一"的文化政策,成为其对各民族和地区文化进行打压监控的借口。西班牙全境各地区先后沦陷,其中唯独加泰罗尼亚地区是最后被弗朗哥攻陷的,盛怒之下,弗朗哥对这个地区的统治和限制也变得愈加残忍。比如严禁使用加泰罗尼亚语,在教科书中丑化、删减巴塞罗那人,故意炮制地域歧视和民族矛盾……这种无耻的法西斯手段伤害了很多人的情感。西班牙政府在弗朗哥去世后做出了许多补救措施,比如将方言提升到作为正式语言的高度——1992年巴塞罗那奥运会所使用的官方语言就是加泰罗尼亚语,而非卡斯蒂利亚语。但这些措施,对已经造成的伤害则于事无补,对本身民族独立问题就比较严重的西班牙而言,所能起到的矛盾缓解作用也是成效甚微。

　　弗朗哥专制统治自然也波及了足坛，前文提到过他枪毙巴萨主席的事情，事实上多亏当时巴萨球员在国外巡回比赛，否则后果不堪设想。在巴萨受尽折磨和压迫时，位于首都的皇马很难不和当局扯上千丝万缕的关联，在这样的历史背景下，追求独立自由的巴萨和象征皇权的皇马，从队名上就被刻意强化了政治对立的情绪，这种源自球场上的对立就有被赋予了更多民族对立的意味，民族问题"借壳"足球的外衣，借助鱼龙混杂的民族主义者兴风作浪，使得双方的比赛所具备的含义，远远超出了比赛原有的范畴。加上两队之间的比赛历来争议颇多，火药味十足，尤其是进入21世纪这个新兴媒体崛起的时代之后，媒体对比赛的过度解读和炒作，让大众产生了比赛之外的强烈对立情绪，甚至出现有父子为了支持谁而大打出手以至于闹出人命的悲剧。

　　足球若是被政治裹挟实属无可奈何，因为社会的存在怎么也逃不出权力与话语的掌心；但如若被媒体肆意地歪曲、误导，并且还自以为这就是足球文化的一部分，那足球就再也不是一场能保持单纯与高贵的竞技比赛了。

# 德国的复兴

德国是地处欧洲中心的联邦议会共和制国家,其全称是"德意志联邦共和国"。尽管有过并不光彩的历史,但懂得以史为鉴、推崇纪律、秉承理性哲学传统的德国人,绝对是当今欧洲最具生命意识与责任意识的群体之一,其年代悠久、系统完备的福利机制和强大、雄厚的工业基础,带给人民稳定、富足的物质与精神享受。当你瞥一眼英国形形色色的罢工消息时,会恍然大悟——德国可是少有罢工的国度。你的感觉没错,这倒不是他们骨子里"个人服从团队"的日耳曼思维起了作用,

◎ 康德

◎ 贝多分

而是社会体系的功劳。

德国的历史起步不算早,但德国人对人类近现代文明做出了巨大的贡献:以爱因斯坦为首的科学家们共获得了 60 项诺贝尔奖;歌德、海涅、格林等文学家在诺贝尔奖项上也多次登顶;音乐上有贝多芬、巴赫等一众伟大人物领衔;哲学上康德、尼采等众多大师为世界的哲学发展做出了难以估算的贡献。这一点倒是符合德国人热衷思考,有些执拗、悲观的思想。

德国人向来以"认真"和"严谨"著称,这种民族性格是他们在各种领域不断创造辉煌的有力保障,比如为世人赞叹的制造业,大到垄断企业品牌 MAN、BOSCH、克拉斯集团、蒂森克虏伯家族,小到菲斯勒、双立人刀具,还有让国人如雷贯耳的奔驰、宝马、大众,这些就是这个国家最显眼的产业招牌。但过分的严谨以致刻板的程度,也让这个理性过度的民族差一点惨死于战争机器的碾压之下。

◎ 歌德

◎ 爱因斯坦

也许服务于一种特定理念与设计好的团体利益的道路，让这个民族缺少了些变通与投机，但这并不阻碍每个人的创造力与团队的执行力，比如足球。

饱受二战摧残的德国无力阻止国家的"被分裂"，德国足球也不能幸免，西德与东德足协在柏林墙两边各自为战。相比之下，联邦德国足球的成绩更为抢眼，夺得过三届世界杯冠军。虽然借势柏林墙的倒塌与联邦德国夺取 1990 年世界杯冠军，两德足球合并统一。从纸面上看德国队的实力理应有增无减，但是由于青训水平的参差不齐，青黄不接的德国队逐渐在走下坡路。好在问题得到了重视，自 2006 年本土世界杯之后，德国涌现了一批极富才华的青年球员，还包括了不少混血乃至移民球员后裔。

尽管德国是邻国最多的欧洲国家，但它不是一个传统意义上的移民国家。如今移民政策的开放，主要是德国二战后重建需要大量劳动力，以及北约向德国施压，接纳亲美的土耳其向其输送劳工。所以意大利、土耳其、希腊等国劳工涌入这里，劳动期满后大量土耳其人选择滞留，最终成了德国最大的移民群体，未来甚至会超越德国原住人口。

伴随不同种族的后裔在这片土地上生根发芽，球员种族问题成了值得关注的焦点。

在 21 世纪之前，德国国家队始终维持着球队纯正的血统观念，有色人种始终无缘追随国家队四处征战，直至 2002 年世界杯才诞生了首位黑人球员阿萨莫阿。但是伴随国内种族的多样化，德国足球必须做出与时俱进的改变——他们归化了众多外籍球员，其中以土耳其人的后裔居多，如今德国队的中场核心厄齐尔就是典型的代表。可以说德国人在"归化多样"的道路上越走越宽，相比"血统纯正"的带有种族偏见的政策，更能收获庞大的足球英才。毕竟，依靠种族、血统来定义国家概念的时代已经一去不复返，况且这些球员是从小接受德国俱乐部的青训成长起来的，现在他们自愿选择为德国队效力又岂不合情合理？

## 涅槃中的鲁尔区

德国举世闻名的"鲁尔区"是莱茵河下游的支流鲁尔河和利珀河之间的区域,这里是国家工业的心脏。鲁尔区硬煤、褐煤储量约占德国的 3/4,这种得天独厚的优势让煤炭与钢铁业在此蓬勃发展。

曾经的"德国战车"仰赖鲁尔区强大的工业能力和高质量的军工产品,拨散战争的迷雾,任何时代任意国家的重工业都是一个需以劳动力为支撑的产业。从工业革命兴起的那一刻起,鲁尔区就天然地聚集了庞大的劳动力,直到今天其人口密度和人口数量在德国都是数一数二的。伴随着各国劳工的汇聚,鲁尔区先于德国其他地区率先完成了"民族大融合"。

不过战后的鲁尔区遭遇了经济寒潮:面对新兴国家的钢铁倾销和 20 世纪 70 年代的世界经济大萧条,鲁尔区随之破败,失业和环境污染激化社会矛盾。好在德国政府没有因眼前利益而短视,遏制了过度的资源开发,并着手对工业进行技术上的提升,以期换来复兴与长期的稳定;其次是以招标的形式向社会征集鲁尔区改革方案,寻求厂区、机器、土地等资本的再利用改造。通过几十年努力,鲁尔区已经成了一个旅游观光的好地方,众多工厂旧址都被改造为博物馆、影剧院、纪念碑、攀岩与游乐场,甚至还能进行海洋救援训练。这听来有点不可思议,只有亲临目睹之后的人们才能理解这种涅槃后的焕然一新。

作为德国第七大城市的多特蒙德恰好位于如今面貌一新的鲁尔区,除了丰富的煤炭资源,作为拥有便捷的水陆交通枢纽与悠久啤酒酿造历史的城市,在鲁尔区转型的浪潮下,多特蒙德趁势发展,形成了如今绿地与环艺占据城市一半面积的规模,"一身白衣喜出门,半日过后灰蒙蒙"那般旧日时光已一去不复返。今天的多特蒙德不仅保持住了啤酒酿造为代表的传统行业的优势地位,同时发展了服务和新技术型的新产业路线,而让他们引以为傲的足球及其带动的旅游业,同样是这一城市的重要创收来源。

## 多特蒙德足球俱乐部

多特蒙德足球俱乐部成立于 1909 年 12 月 19 日，球队官方全名为：普鲁士多特蒙德 1909 球类比赛俱乐部注册协会[1]，球迷们都会亲切地称呼球队为"BVB"。球队名称中的"Borussia"则来自当地的一家酿酒厂。

最初球队是由天主教教徒组成的，他们选择了教会服饰上的蓝白相间花纹，胸前还斜跨了一条红色绶带，作为最初的球衣颜色。1913 年，球队通过地方会议确定了新版球衣的配色——黄黑相间，这也使得球队有了一个可爱的别名：蜜蜂兵团。

多特蒙德队曾于 1926-1927 赛季短暂升入德国顶级联赛，但好景不长，不久就不幸降级，之后的时间内，球队始终在较低级别的联赛中徘徊。不过进入到 20 世纪 30 年代之后，球队有了重大起色，也培养出了奥古斯特·兰斯这样德国最优秀的球员。

1943 年，还在当时的主场"红土地球场"，多特蒙德队 1：0 击败了同处鲁尔区的沙尔克 04 队获得了球队第一个冠军头衔；1947 年，又以 3：2 的比分再次击败后者，拿到了地区联赛的冠军。由此可见两队之间渊源颇深。两支球队同处鲁尔区（德国最大的煤矿工业区），两支球队的球迷都是由该区矿工组成，因此在球场上总是较劲没完。沙尔克 04 队长期定居"大本营"盖尔森基兴市，本是威斯特法伦地区的球会代表，但是多特蒙德队历经多年"磨难"后来居上，这让"老大哥"自然分外的不自在。加上球场内外爆发的一系列冲突纷争，使得双方结下了"梁子"。

也有人尝试对这种"仇视"进行过分析，发现多特蒙德属于鲁尔区中为数不

---

[1] 即 Ballspiel-Verein Borussia 1909 e.V. Dortmund，DVB。

第二章
一座球场和一座城市

◎ 多特蒙德队徽

◎ 多特蒙德队球衣

◎ 多特蒙德球迷商店

多的贸易城市，其酿酒业发达，无论内销还是出口都在贸易投资领域占有较大比重，投机的成分也较大。相比之下，"重工业"的投入产出远没有商贸来到诱人，且具有以工人身份自居传统的沙尔克04球迷对投机行为自然颇为不屑。双方在经济领域"明争暗斗"的不分伯仲，就免不了要在足球场上"一决雌雄"。可是沙尔克04队自从1963年德甲成立以后就从未染指过联赛冠军，多特球迷经常以此讽刺对手，甚至宁可让最强大的竞争对手拜仁慕尼黑队夺冠，也不希望"邻居"得到哪怕一次德甲冠军的机会。可见双方之间的比赛自然是火星撞地球般的激烈，出现冲突和红黄牌已是家常便饭。两队球员们都希望在新赛季的首次对决中拿对手"祭旗"，战胜对手将使球员和球迷士气振奋、心满意足，仿佛整个赛季成绩不佳也无关痛痒。日本著名球员香川真司在加盟多特蒙德队的第一个赛季，就在对阵沙尔克04的比赛中帮助球队获胜。当时他还未曾料想这场比赛意味着什么，赛后当他被多特蒙德球迷像英雄一样扛在肩上欢庆胜利时，才意识到一场比赛的输赢对于生活在这座城市的人们而言是有多重要。

　　转回时间轴，进入五六十年代的多特蒙德队逐渐成为顶级联赛赛场上不可忽视的力量，在1956年、1957年连续两年夺得俱乐部全国联赛冠军[1]，多特蒙德队被评为1957年度德国最佳球队。而1963年德甲成立前最后一次顶级联赛冠军也被"大黄蜂"收入囊中，借此"东风"，俱乐部继续高歌猛进，收获1965年俱乐部历史上首座德国杯冠军；更值得关注的是，1966年球队在欧洲优胜者杯的决赛中战胜了利物浦队，斩获德国足球俱乐部在欧洲赛场的首座奖杯，创造多项纪录，由此走向巅峰。但正所谓"盛极必衰"，多特蒙德队此后衰弱的势头如坐过山车一般剧烈——连续6年未有冠军奖杯入账，1972年更是再次跌回德乙联赛行列。尽管1976年雪耻回归，但此后的七八十年代，球队再也没能重现曾经的辉煌。直到1991年多特蒙德找到了远在瑞士俱乐部执教的希斯菲尔德，这位获得过德乙最

---

[1] 1956年还是多特蒙德第一次夺得俱乐部全国联赛冠军的一年。

佳射手的"数学老师",执教能力远胜于其作为球员时的能力。这是一位特立独行的教练:他有德国人那种略显悲观的情绪,认为职业球员不都是等闲之辈,且不都是那般自律,身为教练就必须懂得因材施教,让这些球员在场上认真执行教练的战术意图。带着这样的领导艺术"磨剑"五载,希斯菲尔德的确做到了化腐朽为神奇。1995 年,球队不仅收复失地,还夺回了阔别多年的德甲联赛冠军,1996 年又卫冕成功。一发不可收拾的是在 1997 年,在不被看好的情况下,从不可一世的尤文图斯队手中"抢"到了俱乐部第一座欧洲冠军联赛的奖杯,还在年末的丰田杯赛上战胜了南美劲旅贝洛地平线队。这一段辉煌经历距离第一次的光辉岁月,恰巧过去了整整 30 年!

不过连续创造历史,反让球队止步不前,求胜欲日益衰退使得希斯菲尔德选择主动离职。尽管"大黄蜂"为止住颓势,于 2001 年重金购入罗西基、扬·科勒等球星继续维持在夺冠球队的行列,但不符合德国人投资经营风格的铺张浪费,改建球场、无谓签购球星的巨额开支,让球队陷入了财政危机。困窘的经济状况使得球队的战绩日益下滑,2007 年险些重蹈降级覆辙。频繁的走马换将,球员接二连三地离开,最死忠的球迷在面对惨败时的提前离场,甚至围堵球队大巴车表达不满……一系列的迹象让这支老牌球会又一次提前身临"严冬"。

2008 年,困境中的多特蒙德队找到了带领德乙球队美因茨踢得风生水起的克洛普。尽管球员生涯只能盘踞德乙联赛,但和希斯菲尔德一样,克洛普拥有不俗的执教能力。早在 2006 年德国本土世界杯期间,克洛普作为电台评论嘉宾时简洁明了的足球技战术讲解,就已赢得了多特蒙德管理层的好感,合作也自然水到渠成。

克洛普善于使用年轻球员,他极少大手笔购买巨星,而是在全德国青年球员中寻找希望之星,或是长期观察国外那些名不见经传的潜力股。他会将宝贵的出场机会留给有能力的年轻人,辅以高位逼抢的战术,创造了极具观赏性的攻势足球:所有球员通过积极跑动做好接球、传球、反抢、过人等一系列动作,以攻代守的

第二章
一座球场和一座城市

思想贯穿始终，哪怕领先也不会坐享其成。在花费极少的情况下，"大黄蜂"奇迹般夺得 2011 年联赛冠军，而挫败于"蜂刺"下的正是重金堆积出的拜仁慕尼黑队，当对手继续招兵买马意欲"复仇"，多特蒙德队却用"青春风暴"让慕尼黑战车"又添新伤"，堪称精神战胜金钱的典范之作。当然，蜂刺再利终究难敌战车，虽然没能再为狂热的球迷带回冠军，但能与豪门会师欧冠决赛，多特蒙德队已经踢出了让所有人铭记、尊重的足球——不是每一支球队都非常富有，只有相信年轻人才能拥有美好明天。

　　这就是一只见证历史沉浮的"大黄蜂"，和它所在的城市一样曾经辉煌过，有过转型的阵痛，体验过触底反弹的喜悦，也饱尝一落千丈的酸楚。但是不被眼前利益迷惑的它始终能迎来生机。多特蒙德队不是德国最伟大的球会，他们面

◎ 涌入场内欢庆胜利的多特蒙德球迷

159

对低谷时却没有迷信金钱，而是用有朝气的教练和年轻的球员们打造出了专属自己的伟大。如果你对伊杜纳信号球场的狂热氛围不解，请想想那里面每一个人所付出的努力，就能明白球迷们何以会如此自豪。

## 威斯特法伦球场

多特蒙德城最具代表性的建筑就是威斯特法伦球场，球场位于城市南部，紧邻威斯特法伦会议中心。原本以所在州名称命名，2005年俱乐部将球场的冠名权出售，于是就有了现在的官方名称："西格纳尔·伊杜纳"球场（又称"伊杜纳信号"球场）。

威斯特法伦球场是德国第一大足球场，也是欧足联官方评定的五星级球场之

◎ 黑白时代的威斯特法伦球场

一，它是德甲球队多特蒙德的主场，一个能爆发出让全欧洲震撼的助威声的球场。这座球场竣工于 1974 年，在那之前多特蒙德队以"红土地球场"作为主场，恰逢 1974 年德国举办世界杯，俱乐部出于日后发展的考虑，新建一座更大规模的球场作为更合理的提议，取代了最初扩建"红土地"的方案。

1974 年 4 月 2 日威斯特法伦球场正式投入运营，一场多特蒙德与沙尔克 04 之间的友谊赛取代了球场启用仪式。彼时球场只有一层看台，能容纳 5.4 万人，其中站席 3.7 万人，直到今天，球场依旧保持着拥有大量站席的特色，成为欧洲足球赛场中的经典。

球场另一大特色是它矩形的外观，在那个年代，球场设计基本以碗形为主，而威斯特法伦球场造型的异军突起，引领了 70 年代乃至之后球场建设的新风尚。可惜的是 1972 年多特蒙德不幸降入乙级联赛，球场也尴尬地以德乙联赛球场的"独

◎ 1974 年的威斯特法伦球场

◎ 威斯特法伦球场外观（图片由 LFarinha 提供）

一无二"的身份承办世界杯的四场比赛：三场第一阶段的比赛，和第二阶段荷兰对阵巴西的淘汰赛。1976年多特蒙德终于回归德甲球队行列，而球场也迎来了盼望已久的甲级联赛。

　　一直到20世纪90年代，威斯特法伦球场基本维持着原有建制与规模，而多特蒙德也迎来了俱乐部历史上的春天：球队在本土和欧洲赛场的双线崛起，赢得了更多球迷的关注与青睐，而为满足数量激增的球迷的需求，扩建球场也变得势在必行。俱乐部在1995年为东西看台加盖了第二层，一方面是响应欧足联改建站席为座席的号召，以确保观看比赛的安全，另一方面可以有效解决改造座席后容量"缩水"的问题。到了1999年，球场南北两看台也加盖了第二层，球场扩容到了6.7万人。威斯特法伦球场的内场用球队的黄黑色作为装饰，给人以力量与稳重感。可以容纳2.5万人的南看台则全部保留为站席，其空前的规模足以使其成为欧洲最大的单侧看台。这块大面积的平台自然是留给多特蒙德队最死忠的球迷。每逢赛事，他们都会汇聚此，用动人心魄的歌声、呼喊声为自己心爱的球队助威，身着黄衣的他们不断在看台上跳动、挥舞花样繁多的旗帜，制造出一片片"黄色海浪"，看台中甚至还会架起几部扩音器，把本就威力十足的呐喊声加倍送往球场中央。有趣的是，球队博物馆中专门开辟了一间房间，供人感受南看台的助威声。说实在的，你如若不是球迷，最好别轻易靠近这间屋子——呼喊声雷霆万钧般轰鸣而下，再热烈再疯狂的场面也难及其万分之一。

　　虽然是德国最大球场，但它仍存在不符合举办世界杯要求的地方。当2006年世界杯主办权花落德意志时，威斯特法伦球场注定又要开始新一轮的建设。

　　作为半决赛使用场地，其容量还需要进一步的提升，于是球场四角加建了闭合式的看台，额外增加了1.5万人的容量。这样一来，球场在国内比赛时可以容纳8.3万人，国际比赛则有6.7万人。人数上的差别就在于南看台会在国际比赛日时全部安装座椅，以符合安全要求。这次球场改建最具视觉冲击力的要数顶棚，原来的龙门支架被八个

◎ 狂热的多特蒙德球迷

黄色的62米高支架取代，这使得威斯特法伦看上去更加显眼且极富现代感。

2006年世界杯球场承办了四场小组赛、一场十六进八的比赛和半决赛德国对阵意大利的比赛，尽管德国队没能延续胜利，以0∶2败给了意大利，但正所谓"塞翁失马，焉知非福"，世界杯之后的德国队迎来了足球人才的井喷期，好运也随之降临——2014年世界杯，德国队终于得偿所愿站上了世界足球之巅。

威斯特法伦球场就是这座城市的logo，来到这里千万别错过到此一游的机会，准点的轻轨班车会准时将你送至球场附近。哪怕不能入场看球，你也可以叫上一扎啤酒，和球迷们感受一回他们对这座球场和主队的热爱。

# 神圣米兰，神往圣西罗

## 米兰

或许意大利人就是为足球而生的，就连他们的国家版图，看着也像一只在地中海上踢球的靴子。

古罗马的历史如雷贯耳，能征善战却无法使帝国永驻。历史不是用来回忆的，它终究需要新陈代谢，历久弥新。幸运的是地中海温润的气候孕育了意大利人热爱浪漫、爱好自由的天性——他们可以自诩罗马人的后代，在绘画、雕塑上，拥有无与伦比的人文与历史天赋，即使在战场上浪漫兼无能传为一时笑谈，大概是他们把太多的心思放在足球、歌剧和美食上的缘故吧。

意大利人爱美，教堂、斜塔、广场雕塑、天顶画，乃至托纳多雷的"时空三部曲"，无论是人为的、历史的还是自然的景致都被视为美的化身；意大利人也很浪漫，水城威尼斯的贡多拉、那不勒斯海港的景色，都能让你流连忘返。没有北欧人的高冷傲慢，对任何人都充满热情。意大利人就是这样一种特别的存在，尤其是南部意大利人，乌黑浓密的秀发，高挺的鼻梁，男人更帅气，女人则妩媚。所以面对来自他们任何的热情，哪怕带有一点点的调情都不会让人反感；意大利人谈话聊天手势可是非常多的，语调语气无论如何变化，手势总会不时上下左右晃动，显得非常有趣。如果仔细观察意甲联赛，你就会发现球员和裁判理论时嘴里都会嘟嘟囔囔，双手剧烈晃动的场景，这就彻彻底底显露出了他们"踢球像打仗，打仗像踢球"的特色了。

不知是谁称意大利为"欧洲的中国",其中褒贬之意昭然若揭。在公共秩序、办事效率等方面意大利确实存在先天的不足,但是,如果你在这个有独特魅力的国家待久了还是会对它依依不舍。也许越是历史悠久的国家越是存在更复杂的历史情结,因为历史赋予它太过漫长的时间去拥有、维持属于一个时代的秩序。那些在这个国度看来是被各种历史经验纠缠着的问题,对那些历史较短的新新国家而言,反倒容易变得不再是问题,而且还是一种理所当然——他们拥有了一个可以站在上面看得更远、思考得更深刻的前人的肩膀。就像前面介绍过的英足总,它是足球发展进程中一个功绩和弊端同样明显的产物,对足球发展较晚的国家而言,借鉴这个毁誉参半的宝贵经验,就有避免类似的权力争斗的可能。如果没有前人筚路蓝缕的经验积累,用不屑的傲慢眼光看待过去是不够客观的,毕竟消化一段岁月比起创造一段历史要困难得多。

零零散散中提到意大利,不妨来看看意大利第二大城市,位于北方的伦巴第大区首府、米兰省省会——米兰。

"米兰"(Mailand)在德语中是"平原"的意思,也正是由于其适合居住的地理位置与自然风貌,城市得以发展起来。罗马帝国曾北上占领米兰,并将这里作为联系西欧的枢纽,而米兰也确实发挥着这个重要作用。米兰是古典和现代共存的典范。作为欧洲最著名的城市之一,也是南欧交通的枢纽,更是意大利名副其实的经济之都。二战的硝烟让这座城市在新旧更迭中涌现了众多新建筑,但古典建筑依旧是最具历史气息的地方。尽管天主教的中心位于罗马城内的梵蒂冈,但一道"米兰赦令"让米兰拥有同样的极高的宗教地位,世界第二大的米兰教堂就坐落于此。始建于 1386 年,历时 5 个世纪于 1897 年竣工的米兰大教堂是一座典型的哥特式天主教教堂,没有钟楼,整座教堂由 135 座尖塔和 2245 座雕塑构建,指向天空的无数团火焰让人不免心生震撼和肃穆的感情,就连拿破仑也选择在这里登基加冕。而教堂内的壁画,配上远处从斯卡拉歌剧院中传出的歌声,还有剧

◎ 米兰大教堂

场广场上竖立着的达·芬奇雕像，都隐约提醒着人们艺术在米兰的重要地位。

　　米兰又是意大利的时尚之都，意大利人很懂得时尚，拥有阿玛尼、D&G等一干奢侈品牌，借助名模效应，打造出米兰时装周这么一个世界时尚资讯的风向标。而且米兰也是购物的天堂，蒙特拿破仑街、曼佐尼街、斯皮加街和威尼斯街更是有"时尚四边形"美誉的购物街区。在充满历史感的建筑中拣选时尚，在充满宗教感的穹顶下玩味现代，米兰就是这么引人入胜。

　　意大利人时不时会夸自己"穿得好、吃得好"，好事的旁观者也常言："意大利人把自己所有的精力都用到做饭上了。"事实上这种"食不厌精"的浪漫特质并非空穴来风。意大利人离不开意粉和咖啡，番茄酱也是非常重要的配料。但是米兰的料理很少使用番茄酱，稻子也比面粉用得多，煎肉排和干酪最受欢迎。

◎ 米兰购物街

至于咖啡，本地人喝 Espresso（浓缩咖啡）比较多，但千万别点拿铁，除非你想喝牛奶。对食物的热爱让西式快餐变得门可罗雀，麦当劳极少，至于其他快餐品牌则几乎没有。想来也是，放着好吃的意粉、比萨、干酪还有咖啡，谁还愿意去用垃圾食品打发时光呢？

终于要说足球这项让所有意大利人为之疯狂的运动，著名德国前锋克洛泽在拉齐奥队踢球时会被邮差亲吻脚趾，马拉多纳更是在那不勒斯黑手党送到眼前的美女和毒品下备受"宠爱"。当球员结束训练离开之际，更是经常被球迷跟车索要签名，那阵势有点像中国韩粉给"欧巴"们接机时的疯狂。

米兰城同样对足球也堪称如痴如醉。"米兰双雄"—— AC 米兰和国际米兰，为这座城市和国家赢得了众多荣誉。而承载着两座伟大球队光辉历史的圣西罗球场，则更是星光熠熠。

## 米兰双雄

如果说米兰城是了解意大利的一扇窗，那么 AC 米兰就是代表意大利足球的一张名片——它是为意大利赢得最多洲际荣誉的俱乐部——AC 米兰和博卡青年共同保持着获得最多洲际赛事冠军的世界纪录，其中含金量最重的欧冠冠军，AC 米兰就拿下了七次。而球队在国内赛场上也有着不俗的战绩。意甲球队每获得十个顶级联赛冠军就可以在球衣上绣上一颗星，而目前已获得十七次意甲冠军的 AC 米兰，距离拥有自己的第二颗星也是指日可待！

由于 1908 年部分球员脱离了刚建立不久的 AC 米兰成立了国际米兰，使得球队元气大伤，以至于此后连续 44 年都没能拿到联赛冠军。而三名瑞典籍球员的到来才改变了这种颓势，帮助球队一扫阴霾，从 1950 年到 1979 年缔造了一个不俗的米兰时代，球队不仅四夺联赛冠军，并且在 1963 年和 1969 年两获欧洲冠军杯冠军。

进入 20 世纪 80 年代之后，球队经历了一系列的严峻考验：1980 年球队因为赌球案而被罚降级，次年虽然重返甲级行列却又在当年耻辱性地再次降级。此时传媒大亨贝卢斯科尼及时出现，于 1986 年接手球队，帮助 AC 米兰重振雄风。之后成为意大利总理的贝氏斥资为球队购买球员，由范巴斯滕、古利特、里杰卡尔德三名"荷兰剑客"组成的米兰锋线开始在国内外赛场纵横驰骋，球队在 1989 年就第三次捧起了欧冠奖杯，第二年又成功卫冕欧冠冠军，成了近二十年中第一个完成欧冠卫冕的球队。AC 米兰的这段"黄金时期"恰逢中国改革开放初期，伴随电视的日益普及与体育赛事转播开放、交流的日益频繁，对所有中国球迷而言，意甲是最先飞入寻常百姓家的西方顶级联赛。这也意味着 AC 米兰队是所有欧洲顶级赛事中最先影响中国球迷的俱乐部之一，新颖的战术与明星球员精湛的球技，为刚刚接触欧洲联赛的中国球迷带去了珍贵的记忆，甚至还为中国国家男足提供

◎ AC 米兰队徽

◎ AC 米兰球衣

◎ AC 米兰传奇

了学习西方先进的足球技战术与足球理念提供了宝贵的一手资料。这也许就是专属中国球迷的"意甲"和"米兰"情结，这种情结是如此的浓厚深远，一直传承、延续至今。

此后铁腕教练卡佩罗接手球队教鞭，AC米兰在各项赛事中也恢复了强劲的夺冠势头：五年内四夺意甲冠军，1994年的欧冠决赛更是以4：0大胜如日中天的巴萨，收获了队史上第五次欧冠冠军。虽然此后几年球队战绩差强人意，但伴随2001年和2003年再次引进大量球星——鲁伊·科斯塔、菲利浦·因扎吉、卡卡等人亮相圣西罗球场，为球队提供了充沛的人手以应对多线作战阵容轮换的需要，加上安切洛蒂这位前米兰球员成了俱乐部新任主教练，使得这一时期的球队，又接连拿下了两届欧冠冠军和一次意甲冠军。

不过好景不长，2006年"电话门"事件① 再次波及米兰城，米兰虽然幸免于降级的厄运，但也面临重额罚金与扣除比赛得分的双重处罚。而在赛场方面，球队多年未有斩获，除了2011年凭借新加盟球队的伊布拉希莫维奇等人的表现取得联赛冠军，但总体看来，球队在走下坡路——一方面看来是球员老龄化问题日益凸显，另一方面意大利持续低迷的经济同样影响了足球业，贝氏家族紧缩银根，让球队选择了低投入的小成本盈利模式，这使得米兰的再度崛起变得遥遥无期，或许还需要广大的米兰球迷的恒久支持与耐心等待。

AC米兰的队徽呈现出椭圆形，上面印有球队名称的缩写"ACM"，中间部分则由白底红色十字的图案与米兰球衣红黑两色拼成，队徽下方写有球队成立的年份"1899"。队徽中的白底红十字是米兰自治区的标志，为了纪念十字军东征的英勇与辉煌战绩而成为城市的象征。至于红黑相间条纹球衣，则是1900年3月11日第一次被球队正式采纳使用的。身披这件有"魔鬼球衫"之称的球衣，

---

① "电话门"是指以尤文图斯为首的个别意甲球队，通过控制裁判人选进行赐假球、操控比赛的事件。由于有球队电话录音作为证据，而在事件曝光后又被大肆报道，故称此事件为"电话门"。

◎ AC 米兰在圣西罗球场的更衣室

米兰于 1901 年勇夺第一个意大利联赛冠军，在 1941-1942 赛季，俱乐部又将红黑细线条纹改为了宽线条纹，球队也因为这袭富有特色的球服被外界尊称为"Rossoneri"——红黑军团。

国际米兰是米兰城内另一位"天之骄子"，因在建队初期就对全世界球员敞开大门，故而得名"国际"，这也与米兰城开放、包容的大都会身份极其吻合。球队在百余年的历程上取得过无数荣誉，其中 18 次意甲冠军的骄人战绩让他们同样争取到了保留一颗星的权利，三座欧冠冠军奖杯、三夺欧洲联盟杯冠军、两次洲际杯冠军和一次世界俱乐部杯冠军的收获，让他们不负"INTER"（国际）的美名。

球队成立于 1908 年，带着想要证明自己的冲劲，俱乐部从诸豪强中勇夺

◎ 国际米兰队徽

◎ 国际米兰球衣

◎ 1910年国际米兰队员合影

1909-1910赛季联赛冠军，向所有质疑球队的声音做出了有力回击。意大利落入法西斯掌权时期，球队被迫按照墨索里尼的要求更名为"A.S.Ambrosiana"，当家球星梅阿查也被迫"调离"母队。幸运的是墨索里尼不是一个偏执于某一支球队荣辱的人，他只是对任何"不入法眼"的人与事都乐于指手画脚罢了。国际米兰虽然因为墨索里尼是狂热的AC米兰球迷而备受政治煎熬，但幸运的是，墨索里尼没有他的西班牙独裁盟友来得那般心狠手辣，一个让希特勒都无奈于他外强中干的执政者，使得球队熬过了铁腕治下巴萨所经历过的那般艰苦岁月。

国际米兰队在20世纪60年代曾取得过骄人的战绩，在主教练赫雷拉带领下，一鼓作气夺得1964年和1965年两届欧冠冠军以及三次意甲冠军和两次洲际杯冠军，这个后来被称作"大国际时代"的十年，成就了国际米兰跻身欧洲豪门行列的愿望。此后球队在1970-1971赛季、1979-1980赛季又蝉联了两届联赛冠军，更是于1988-1989赛季在"金牌教头"特拉帕托尼执教期间，以58分的两分制最高积分纪录得到联赛冠军。当时球队拥有克林斯曼、布雷默、马特乌斯三名德国球员，由他们组成的"德国三驾马车"与同样处于鼎盛期的AC米兰的"荷兰三剑客"同台竞技，不分上下，一时在意甲赛场传为美谈，更为日后世界球迷所津津乐道。

和所有豪门球队一样，有攀上巅峰的瞬间必然也会有走下神坛的时候，20世纪90年代的国际米兰进入阵痛期，连续17年未曾染指联赛或欧洲赛事冠军奖杯。直至1995年马西莫·莫拉蒂为了自己心爱的球队接手了窘境中的俱乐部。而他的父亲正是"大国际时代"球队的当家安杰洛·莫拉蒂。当时马西莫·莫拉蒂风华正茂，足球技艺也是家族中最好的，凭借自身的努力，马西莫与球队队员成了好朋友，建立起深厚的友谊。

尽管老莫拉蒂出售球队时告诫家人不要再在俱乐部中轻易地"抛头露面"，但是面对心爱的球队和青年时代的美好回忆，小儿子马西莫还是义无反顾地倾情投入，此后的时间他为俱乐部投入巨资购买著名球星：罗纳尔多、维埃里、卡纳瓦罗、

◎ 国际米兰官方商店

克雷斯波……一个个如雷贯耳的名字纷至沓来，不过产出与回报的不成正比让球迷们非常不满，国际也被戴上了"球星黑洞"的帽子。吴拉蒂虽然身为"富二代"，但家族产业他也只占有了较少的份额。直面球队的困境，他不但没有放弃投入，反而动用自己的薪金来支付球员薪水以填补亏空。皇天不负有心人，"电话门"东窗事发之时仿佛是上天赐给国际米兰重整旗鼓的良机，他们不仅拿到了改判的2005-2006赛季意甲冠军，还赢得了从2006-2007赛季起连续四年的联赛冠军，成就了"联赛五冠王"的功绩。

在球队大好形势之下，2008年6月2日，球队趁热打铁，聘请葡萄牙籍主教练穆里尼奥，这位"狂人"教头将非凡的自信融入到了球队灵魂之中，帮助国际米兰的史册再添一笔欧冠冠军的记忆，再现了"大国际时代"的辉煌。让人印象最深刻的是在欧冠的颁奖仪式上，国际米兰的球迷们热泪盈眶，这或许是笔者印象中泪水多于欢笑的一次决赛，球迷压抑了多年的情感在此喷涌倾泻而出。光荣总是来也匆匆去也匆匆，此时的穆里尼奥选择急流勇退，丢掉了那股"高傲"

性格的球队告别昨日，重新开始全新的征程，而随着2013年莫拉蒂家族与印尼商人托希尔达成收购转让协议，国际米兰也彻底告别了一个服务球队近20年的伟大家族，相信所有国米的球员与球迷，都不会忘记莫拉蒂为俱乐部所做出的贡献，无论曾经是把莫拉蒂当作笑柄，还是发自内心由衷地感谢他。

国际米兰如今的队徽，是在2008年建队百年大庆时启用的，圆形徽章上绣着一个象征十次联赛冠军的金星，徽章用金色和蓝色包围着中间的球队缩写"IMFC"，由于身穿与同城对手对比鲜明的蓝黑色球衣，球迷们则以"内拉祖里"称呼自己和球队[1]。

前文提到过，国际米兰是最早到访新中国的足球队，作为中国最早播出的欧洲顶级联赛，中国球迷们幸运地赶上了意甲赛事最为辉煌、球星最为星光熠熠的时期：北有AC米兰的"荷兰三剑客"、国际米兰的"德国三驾马车"，南有那不勒斯的马拉多纳，还有皮埃蒙特大区的普拉蒂尼……在意大利政府促进足球发展的政策推动下，意甲云集四方球星，还获得了"小世界杯"的称号。得益于各位巨星的表现，意甲联赛吸引了世界范围内的关注。然而，其他国家逐步发展起来的产业化足球联赛更具商业吸引力，意甲球队却受到经济危机的拖累，竞争力逐渐衰弱，种族歧视和新纳粹主义的死灰复燃，让困境中的联赛雪上加霜，这些因素都在让曾经无限风光的意甲联赛不断走向落寞萧条。

意大利人向世人展现着独到的足球的态度，偶尔患得患失的心态，但又不是个好输家，这让他们在球场上异常保守，被强化防守的观念，让"不丢球起码不会输"的信条被他们全盘接受，这也使得意甲联赛和意大利足球风格截然不同，意大利国家队以"链条式防守"著称——有"缺口"就有"补位"，有"缠斗"就有"协助"。只要对手在球场上打个盹，意大利人自然不会放过"乘虚而入"的机会，

---

[1] 在意大利文中，"nero"的意思是黑色，"azzurri"的意思是蓝色，合起来就是"蓝黑"。而蓝与黑都是代表忧郁深邃意义的颜色。国际米兰球迷以此称呼自己的母队，表达出对球队一如既往的支持以及对坚持信念、隐忍不屈服精神的尊敬。

就像面对古罗马人的铁甲方阵，在防守中孕育着进攻。很少能有球队在这种难缠打法面前占得先机，就像荷兰球星克鲁伊夫所说的："意大利不会赢得比赛，但你却偏偏会输给他们。"当然，如此这般"一招鲜"帮助他们赢得了四次世界杯冠军，仅比巴西少一次而已。

意大利球员是属于综合能力较强，无论技术、身体对抗、耐力等指标都十分均衡的一类，有了这样的保障，他们才能将防守反击的战术运用到极致。意大利早在1930年和1934年就连夺两次世界杯冠军，当时球队归化了阿根廷国籍的意大利后裔，其出色的发挥帮助国家队所向披靡。而1982年与2006年的后两次夺冠历程，则多了赌球风波的压力缠身。也许正是追求结果至上的思维，配合着球场上的"谨小慎微"，外加适度的压力以驱散慢热慵懒的作风，才能让意大利人将属于自己的足球优势发挥到极致。可以说能亲睹蓝衣军团的球场风范为快，那真的是一件令此生都无憾的事，就像那句俗语所说的："看一眼那不勒斯，然后死去。"

## 圣西罗

圣西罗球场位于米兰西部的圣西罗区，距离米兰市中心仅六公里路程，最初作为AC米兰的专属球场而建造。

AC米兰队创建于1899年，其前身为米兰板球和足球俱乐部，后来由于足球相比板球更受欢迎，因而改名为米兰足球协会，简称AC米兰。（实际球队的名称应该是"米兰"，而米兰城也只有"米兰"和"国际"两支球队，所谓"AC米兰"的称呼是中国球迷的一种无伤大雅的习惯，为照顾更多的不看足球的读者，本书暂且保留"AC米兰"的称谓。）在20世纪前20年，球队的发展颇具球迷号召力，为了能吸引更多人的注意力，一个名为佩特罗·皮雷利的富商为球队出资兴建了这座球场，球场于1926年投入使用，并在当年9月19日迎来了第一场比赛——

第二章
一座球场和一座城市

◎ 1934 年的圣西罗球场

◎ 圣西罗球场承办 1990 年世界杯

# CITY CULTURE
The March Of Football Field

◎ 圣西罗球场外景

第二章
一座球场和一座城市

同城的两个对手 AC 米兰和国际米兰在此进行了一场友谊赛。

球场最初设想要容纳 15 万人，但最后却确定为四个单层的独立看台，每层看台可以容纳 3.5 万人。最初球场隶属于 AC 米兰足球队，但它于 1935 年被卖给了米兰市政府。为应对火爆的球市，球场在 1939 年进行了翻修和改建：设备换置一新，原本独立看台改为了矩形一体化的看台，其斜梯风格也成了球场的一大特色，圣西罗的容量也增加到了 5.5 万人。

在 1945 年之前，球场一直由 AC 米兰独享，此后同城劲敌国际米兰也入驻圣西罗球场。前文提到，国际米兰是由 1908 年从 AC 米兰队中脱离出来的部分球员组成的，这种渊源怎能不让两队势不两立？而双方的每一次直接"对垒"也都散发着令人窒息的感觉。到了 1956 年，被 AC 米兰和国际米兰"共享"的圣西罗球场进行了改扩建，伴随第二层看台的竣工，共计 8.5 万人可以同时观赛。

到了 1980 年，球场被更名为"朱塞佩·梅阿查球场"，以纪念这位国际米兰和 AC 米兰共同的球星。说起这个"共同"还是有段血泪史的，梅阿查作为那个时代意大利最伟大的球星，曾帮助国家队连续拿到 1934 年和 1938 年的世界杯冠军，而在国际米兰他更是最重要的核心球员。但在二战期间，法西斯党魁墨索里尼强迫其转会 AC 米兰，使得梅阿查直至二战结束后的 1946 年才得以回归国际米兰。1979 年 8 月 21 日带着无数荣耀的梅阿查与世长辞，于是也就有了球场更名的事情。这座球场的官方名称应该是"梅阿查"，只是外界更习惯于称呼它为"圣西罗"，所以也就不存所谓"AC 米兰主场时球场被称作'圣西罗'，而当国际米兰主场时则又改称'梅阿查'"的说法。

和其他各国一样，但凡获得大型赛事的主办权之后，球场的改建与设备的更新维护就被摆上了日程。意大利也不例外，在获得了 1990 年世界杯主办权后，圣西罗作为承办重要赛事的主赛场于 1989 年完成了改建：第三层看台以倒金字塔的形态扣在了原有的两层看台上，看台上方搭建起了能够覆盖所有座席的透明顶棚，这样一来不仅球迷能挡雨蔽雪，球场草皮也获得了最大限度的日照。为了支撑起这个结构特殊的第三层看台和顶棚，球场外围树立起 11 根混凝土柱，顶棚上也架设了红色的金属支架，这些支架在球场四角延伸出巨大的"牛角"状，辅以球场外围的层叠装饰，让圣西罗的风格与米兰大教堂遥相呼应，凸显了意大利人对于空间设计协调感的追求。

圣西罗球场在那届世界杯上承办了开幕赛、另外三场小组赛以及十六强和八强赛各一场。尽管意大利未能本土捧杯，但是圣西罗的那场开幕式却带给了无数国人难忘的回忆，当前卫的服装模特在圣西罗球场上走秀时，当那首《意大利之夏》被众人引吭唱响时，正是无数人爱上足球的片刻，这是让那一代球迷永远铭记的经典瞬间。

曾经极富美感的圣西罗，如今在经济萎靡，球队财政紧缩的影响下年久失修，已经显得愈发"苍老"。透明的顶棚由于得不到清洗，影响了球场两侧草皮的日照效果。加上两支球队共用一片球场，双倍的踩踏让草皮得不到应有的保养，甚至被人戏称为"圣西罗菜地"。面对这样的情形，无论是 AC 米兰还是国际米兰都对外宣称要建设新球场。但如今为了应对并不景气的经济形势，各大球队，包括豪门皆囊中羞涩，要投入大把银子修建新球场又谈何容易？面对英超、德甲等运营机制相对完善的联赛，财政状况一直捉襟见肘的意甲何时能走出低谷，还需耐心地拭目以待。

# 沈阳和五里河

## 沈阳

沈阳是新中国的长子,重工业基地,今天依旧是东北著名的政治、金融中心与交通枢纽。尽管在发展的浪潮下它已逐渐褪去一线城市的光环,不过悠久的历史文化依然延续着其旺盛的生命力。

这里是满清王朝的诞生地,故宫见证了这段历史的兴废;这片热土也饱尝过积贫积弱的屈辱,传教士们留下的小南天主教堂、"千代田公园"里的晾水塔仍旧矗立在那里;这里还曾是新中国的工业摇篮,废弃的厂房会向你诉说流逝的沧桑岁月。

重工业区在人类社会发展的某一阶段恰恰是最大的财富聚集区。拥有财富才有聚集人气,开展文娱体育的条件。而在重工业日渐式微的进程中,城市的发展和转型历经了怎样的抉择也是大家比较关注的问题,毕竟国家一直主张"可持续性发展"。

辽沈地区盛产各类体育人才,从这里走出了数不清的运动健将,尤其是对足球的贡献之巨大,足以使全国各地区望其项背。今天中超联赛所有注册球员中,有接近一半的球员是辽宁籍球员,这就意味着在各支中超俱乐部中,一定能找到辽宁籍球员的身影。

辽宁本土球队的成绩曾经十分优秀,在职业化联赛尚未开锣之前,辽宁队就已经在1084-1993年之间收获了各项赛事中的10项冠军,并独享"十冠王"的美誉。其中分量最重的要数1989年获得的亚洲俱乐部杯冠军,这就是如今亚冠联赛的前身。这一尘封了20余年之久的纪录,终于在2013年被广州恒大队打破。进入职业化以来,海滨城市大连更是成了辽宁足球乃至中国足球最高的标杆,但是在职业化发展不断深化的时候,辽宁足球却在不进自退,似乎在直面变革浪潮的过程中,缺少了球场上的敏锐与勇气——囊中羞涩留不住人才是一方面,日益单薄的基础设施投入与群众基础建设更是其软肋。曾经依靠国企资金,足球得以通过各种比赛的开展、推广,在群众中产生较为积极的影响与反馈,如今的情形倒

◎ 辽足夺得亚俱杯

是耐人寻味：职业化球队日夜大叹苦经，感叹踢球的好苗子屈指可数，选材渠道日益狭窄；但走出俱乐部大本营，草根联赛却进行得如火如荼，每逢周末各大球场几乎人满为患，供不应求。从这样的反差中可见，广大群众对足球的热情未曾像媒体轻言的那样衰退过，联赛与足球体系的顽疾却让大家对职业足球望而却步。什么样的顽疾？为何中国足球让大家又爱又恨？估计这才是大家最关心也是最想得到答案的关键所在。

## 五里河

沈阳市曾经有两座体育场，其中的一座是位于中山公园附近的沈阳市人民体育场，辽宁足球队和沈阳金德足球队都曾经以这里为主场。球场虽然老旧，但在足

◎ 2006年的沈阳五里河体育场，场馆前有纪念国足出线的雕塑

球职业化以前,球队尚不用考虑观众和上座率的问题,因此球场改扩建问题便一直耽搁了下来。而五里河体育场并非是为了当时名震全国的辽足而建的,而是为了服务第二届全国青少年运动会的需要。从 1988 年 4 月 1 日体育场破土动工到 1989 年球场整体竣工,历时一年。就在竣工当年的 8 月 15 日,一场辽宁足球队和巴西桑托斯足球队的比赛在此举行。彼时为修建此座可容纳 6 万名观众的体育场,市政府前后投入了 1.3 亿元,而到了 1998 年为迎接亚洲体育节召开,沈阳市政府追加 1.2 亿元经费进行扩建,于是就有了亿万球迷记忆中挥之不去的"五里河"。

球场位于沈阳市的景观主干道"青年大街"南端,紧邻新建的二环高架。球场的外观十分特别:离球门较近的看台相对低矮,接近边线的看台则非常高,以流线型的线条将高低起伏的看台连成一个整体,这在当时的设计看来十分前卫。但是未曾料想到未来二十年,城市的南北纵向扩张幅度巨大,这让体育场的位置由城郊变为了黄金地段,冥冥之中也为后来球场爆破拆迁埋下了伏笔。

为了能够适应将来多种使用的需要,五里河被改建成为一个综合型体育场,除了拥有一块标准足球场外还匹配了塑胶跑道。球场由双层看台组成,能容纳五万多名观众,此外还设有 90 个包厢,配备专用音响和电子显示屏。球场外竖立有火炬塔,开辟出 2.5 万平方米的停车场。

这座体育场曾给笔者留下过深刻的印象:那是 1992 年举办的秧歌节开幕式。母亲的单位距离球场很近,她骑车带着尚未上小学的我在体育场附近看热闹,累了便拉着自己回到单位从电视里收看现场直播。那种感觉仿佛像有什么天大的喜事儿一般,而自己和母亲都为能成为节日中的一员而感到兴奋。

其实沈阳拥有许多值得关注的地方,大到五里河,小到一些历史的痕迹,就在普通人的身边。比如小时候常去洗澡的那间公共浴池,直到多年后才被某个学者证实,那里曾经是日本关押二战盟军战俘的监狱旧址。当沈阳人拥有丰富的过去,却又亲手毁掉了这笔宝贵的财富,才恍然间意识到,城市已经变成了一片丧失个性的玻璃幕墙。2000年5月21日的刘德华演唱会落地沈阳之后,这个经历发展阵痛的大城市,终于迎来了一位如假包换的一线明星。当像京沪穗这样的大都市已经司空见惯了群星闪耀的大场面,这座充满怀旧气息的城市却依然在等待,等待着姗姗来迟的"巨星"重新唤醒精神上的亢奋。所谓"翡翠搭台,经济唱戏","酒香不怕巷子深的时代"已经一去不复返,越发感觉到沈阳人们需要五里河,需要来一次雅俗共赏的情感"大争鸣",因为那是为数不多的可以再疯狂一次的舞台。

当职业化足球还刚刚起步之时,甲A甚至甲B联赛的上座率都非常高,而当中国足球沾染上"假赌黑"之后,球迷们也渐渐远离了球场,笔者曾经体验过在沈阳市人民体育场内进行的甲B足球比赛,清晰记得那一场正是辽足对阵沈足的比赛,观众情绪高涨,即便只是由一堆老爷子拼凑而成的球迷乐队,也能把球场氛围渲染得节奏感强烈。但是当球队成功升入甲A联赛,进驻五里河赛之后,看台上寥寥无几的观众和记分牌上悬殊的比分,让人情不自禁回忆起"创业"的艰苦岁月,即便是小负对手也足够唤起球员发奋图强、夙兴夜寐。如今只能慨叹时过境迁,有了设施更为完备的新体育场,有了更为充足的资金扶持,比起过往拥有了更齐全周到的后勤保障,球队表现反不如前,显现得愈加不思进取、得过且过。平庸附身,死于安乐,此情此景的死寂,让人异常怀念旧时的疯狂,那不是"秧歌节"或是华仔放歌一曲可以捎来的安慰——那是实实在在的,专属球迷的疯狂。2001年,中国国家男子足球队,就在沈阳五里河体育场,就在这片方寸之地中,为世界杯亚洲区预选赛"十强赛"做最后一搏,10月7日成功晋级世界杯的喜讯从这里传遍千家万户,举国欢腾。当时的球迷们不明就里狂热地庆祝着,以为这是中国足球美好未来的开始。

五里河体育场在国内绝然算不上一流,但为什么说非上此进行收关一场"冲出亚洲走向世界"的比赛呢?因为气候。2002年世界杯由日、韩两国联合举办,

◎ 中国足球历史上最值得铭记的时刻

预选赛避开了这两个苦主，又在预选赛抽签上幸运避开沙特、伊朗两位世界杯常客，面对这支千载难逢的"上上签"，球场选址五里河更是"无所不用其极"最大限度地利用主场优势：同组其他四个对手除了乌兹别克斯坦都是西亚球队，他们常年处于高温环境中，并不适应凉爽的天气，而全年只有180天左右无霜期的沈阳便顺理成章成了国足的主场。在国家和省市政府的重视下，五里河开始了全方位的翻修，首先是把枯黄的草坪全部换成进口的优质草坪，这说来也是让人唏嘘不已，当五里河最先用于承办甲A联赛时，球场草皮状况就不甚理想，无论是草皮色泽还是平整度都不尽如人意。球场原属沈阳体育局拥有管理，球队无法介入球场整修、扩建、保养等一系列问题，毕竟它不是俱乐部的私有财产，这与欧美球会有着天壤之别。

球场还加装了可伸缩看台以方便容纳更多的观众，但是当十强赛打响时，出于安全考虑，这个伸缩看台并未投入使用。而类似厕所等公共场所改造的特殊性又不能毕其功于一役，这也迫使许多观赛的球迷不得不在球场过道里暂解燃眉之急。好在国足在沈阳踢得顺风顺水，就在国庆长假的最后一天，国足在沈阳以1：0击败阿曼，终于成功晋级世界杯。这不仅一圆几代足球人的夙愿，更是让全国球迷陷入前所未有的狂喜。虽然人们诟病国足，怒其不争已有时日，但恰恰是这一年，人们把所有的赞美和关注的焦点都献给了这群曾经不争气的"孩子"。

斗转星移，沈阳又要接下承办2008年奥运足球赛事的重任。作为中国足球的"福地"，国奥队的比赛惯例性地被安排在沈阳进行。五里河体育场要以奥运会标准进行改建和翻修，但是出于成本与施工安全考虑，这个计划最终流产。2007年2月12日下午，伴随一声巨响，五里河体育场伴随着翻滚的扬尘被封存进了中国足球的回忆录，一座曾经承载了国人足球光荣与梦想的圣地，伴随日新月异的城市转型，就此从人们的视野里消失，取而代之的是2006年初破土动工的沈阳奥体中心。奥体中心选址沈阳浑南新区，地处沈阳市城郊，周边环境更适合体育赛事的开展。2008年5月28日，球场通过了奥运组委会最后一次验收，正式投入运营。新落成的场馆将命名为沈阳奥体中心五里河体育场，以纪念五里河体育场昔日的辉煌。这仍将是一座综合性体育场，由两层看台组成，可容纳六万余人同时入场，一二层看台中央区域还设有一百个包厢，以满足更为高级的赛事欣赏需求。场馆内部的通道非常方便人流的疏散，数量充足的卫生间体现出人性化的设计理念。体育场有足够覆盖所有观众席的顶棚，并以流线型一体式设计方案包裹住整个奥体中心。尽管外界评价其外观酷似"水晶皇冠"，笔者却以为从较高处鸟瞰全景，奥体中心更像一喧明哮，时刻关注着属于这片热土羊如似未来。

2007年沈阳奥体中心五里河体育场举办了奥运测试赛，2008年则承办了奥

第二章
一座球场和一座城市

◎ 五里河足球场爆破瞬间

◎ 沈阳奥体中心

◎ 2008年沈阳奥体中心承办的部分足球比赛

◎ 2008年沈阳奥体中心看台上人山人海

运会女足 F 组与男足 C 组的比赛以及一场八进四的淘汰赛。亲睹了国奥男足参加的全部四场小组赛，其表现一如料想中的那样不尽如人意，孰是孰非不可一概而论，倒是比赛中出现的一幕小插曲让人回味至今。那是比利时对阵巴西的小组赛，巴西队球门后的看台上绑着一面比利时国旗，站着三四个比利时人。半场比赛结束时，比利时队的守门员跑过全场，专门来到挂着国旗的看台下，将自己的球衣送给了支持他们的球迷。这往往是赛场上最让人动容的一幕——足球需要有庞大的球迷基础，每一名球员与球迷都有着天然的联系，这更像是一种灵魂上的交流与互通，更似鱼对于水的依恋；相反，盛气凌人地高高在上，将球迷的支持视为理所当然的球队，即便取得再大的成就那也只是外强中干的无本之木。

如今，沈阳奥体中心成了中甲球队沈阳中泽足球队的主场，伴随后奥运时代的降临，球场也承接了不少商业与演出活动。不过于 2013 年在此召开的全运会开幕式，却一反常态地没有大腕和明星参与，仿佛在发出积极的信号：虽然伴随职业化体育的深入发展，体育商业化气息也在越加浓烈，但将体育还复于民，尤其像足球这样具有巨大影响力的运动回归最初的"大众时代"，将不再是遥不可及的梦想，并且将成为不可逆转的大势所趋。

夜色下的奥体中心在绚烂的灯光中，与不远的五彩电塔遥相呼应，位于城市中轴线上的体育场，似乎预示着这座城市对体育中兴，尤其是足球的再崛起报以无可比拟的渴求与希冀。

# CHAPTER 3

## 第三章
## 球场风云
### ——与足球有关又关乎人文

如果你不是一个纯粹的球迷，无论之前你是否思维定式般认为足球就是一项野蛮、危险、让人狼狈不堪的运动，那都需要让足球文化来驱散神秘的雾霾。因为，那绝不仅仅是绿茵场上22人简单的你来我往。

# 歌声、掌声和嘘声

球迷是足球比赛的重要组成部分,能够鼓舞球队奋勇向前,配得上球场上的"第十二人"的称号。很难想象缺少了他们的参与,足球比赛是否还能再有"世界第一运动"的美誉。

球迷们为球员加油打气的方式可谓是别出心裁、多种多样:歌声、掌声、嘘声和横幅。单这一连串声符组成的动人旋律,就足以让你惊叹于球迷的睿智,那就是足球场上不可分割的一部分。

音乐是人类最伟大的发明之一,作为人类交流和情感表达的重要方式,音乐会出现在人类生活的各种场合:军队用军歌提振士气;影片借助音乐推动跌宕起伏的情节;就连枯燥繁重的体力劳动中也诞生出了劳动号子,从而带动工作效率的提升。音乐更是能做到与体育相辅相成,赛前奏响的国歌,会让运动员和观众产生强烈的民族荣耀感,甚至一时情感失控而涕泗横流。由此可见,球场是音乐充分发挥情感作用的好地方,足球比赛高速、流畅的节奏,激发起球迷的灵感,自然而然地用动情的歌声表达对球队坚定的支持与深厚的情感。伴随比赛进程的深入与比赛情节的跌宕起伏,球迷高唱的歌曲也会随之发生变化,球员们接收到来自球迷的信息,从而全队士气振奋,备受鼓舞的球员往往会一鼓作气,出现翻天覆地的逆转颓势的表现,那也是常有之事。

英国是现代足球发展最早的国家,足球文化积淀相对深厚,而英伦三岛的球迷更是让所有世界球迷羡慕不已,特别是球迷们整场比赛永不停歇的歌声最让人印象深刻,那是对足球和心爱的球队不知疲倦、不离不弃般的痴心。相信大家一

◎ 每一个曼联球迷都熟悉的歌曲 We will never die

定特别好奇球迷们引吭高歌都会唱些什么，答案其实很简单，概括起来就是：激励球队，贬损对手，嘲讽劣迹，褒美爱将。许多英超球队都有为某位核心球员专门谱写赞歌的传统，这些歌大多都是借用经典歌曲的曲调，配上原创的歌词，这样，同样的曲调却表达出别样的情感，呈现出完全不同的意境，但听后却往往能带来让人拍案叫绝的神奇效果！

比如每一个曼联球迷都熟悉的 We will never die。对真正的曼联球迷而言，但凡球队陷入困境时，他们就会唱起这首歌：

    We'll never die, we'll never die.

    我们永不倒下，我们永不倒下

    We'll keep the red flag flying high.

    让红色旗帜永远高高飘扬

Because Man-United will never die.

因为曼联永不灭亡

最初创作这首歌是为了纪念慕尼黑空难中逝去的英魂,鼓励球队走出灾难的阴霾,重新振作崛起再创辉煌——还有什么能比走出生命的阴影更困难的事呢?某种意义上,这首球迷自创的歌曲象征着红魔永不言败的精神气质。如今每逢球队陷入各种困境之时,球迷都会高唱这首歌坚强地站在球队的身后,成为球队最坚强的后盾,而感受到这种氛围的红魔将士也用顽强的战斗和永不放弃的作风不断获得优异的战绩,回报球迷们的关心与鼓励。

利物浦是 20 世纪 80 年代最具欧洲影响力的传统球会,他们对那些依靠金元堆砌的异军突起的球队尤为不屑,比如仰仗俄罗斯富豪砸钱的切尔西。于是但凡双方碰撞鏖战之时,利物浦球迷便会以歌代讽,痛揭对手老底:

You ain't got no history,

你们没有辉煌的历史

Five European Cups and 18 leagues,

我们有五座欧冠冠军和十八个联赛头衔

That's what we call history... [1]

那就是我们说的光辉历史

这些讽刺挖苦对手的歌曲虽然不免有促狭鄙陋之处,但这就是英国球迷的原则与底线的体现:宁用诡异、夸张不失俏皮的歌声进行暗喻讽刺,也不采取泼皮无赖般肆无忌惮的谩骂与人身攻击。与其叫人抓住道德把柄,让自己斯文扫地,不如保持绅士风度,让对手无地自容。或许这就是音乐与旋律的力量——一种诗性的表达,却能做到恰到好处。这种"恰到好处"更体现在球迷们为表达对球员的喜爱而编写的专属赞歌,比如阿森纳球迷为赞美勤奋又无私的前锋吉鲁(Giroud)

---

[1] 此段歌词是在嘲笑切尔西空有金山银山可以换得奖杯,却换不来可以让球迷引以为傲的悠久历史。

改写了甲壳虫乐队的金曲 *Hey Jude*：

  nanananananana nananana Giroud！

  曼城球迷也使用这首歌，只不过把"吉鲁"换成了球队的核心成员：亚亚·图雷。除了对球员高唱赞歌，球迷也为教练改写过歌曲。穆里尼奥担任切尔西主教练期间，为球队带来多项荣誉，球迷们就改编了歌剧《女人善变》的曲调反复呼唤着他们尊敬的主帅的大名：

  Jose Mourinho~ Jose Mourinho~ Jose Mourinho~Jose Mourinho.

  不仅是球员，裁判也免不了会被球迷"开涮"一番。2006 年德国世界杯中，英国主裁判波尔在向克罗地亚球员西穆尼奇出示了第二张黄牌之后，忘了将其罚下，直至此君再次犯规得到第三张黄牌，裁判才有所意识立马更改了错误。不过"三张黄牌"的球场笑话却在赛后为世界球迷提供了闲时的话资。当他回到英国执法科尔切斯特队与巴恩斯利队的比赛中，向一名犯规球员出示黄牌时，球迷们齐声高唱："两张黄牌！他还有两张黄牌！"不过波尔自己对此倒并不感冒，赛后还赞赏了球迷们的幽默调侃。

  在所有球迷演唱的歌曲中，最特殊的要数每支球队的队歌，它之于球迷就像教徒之于吟唱的圣主祷文，代表了球迷的归属与荣誉感。不同的球队，其队歌风格也各有千秋。AC 米兰和国际米兰的队歌是浪漫曲风的典范；由著名男高音歌唱家多明戈演唱的皇马队歌，则体现出高贵典雅的气质；相比之下，英国球队的队歌则以进行曲旋律居多。值得一提的是利物浦队歌—— *You will never walk alone*（《你永远不会独行》）。

  这是一首曲调舒缓，歌词励志的作品。歌曲最初来自音乐剧，猫王和弗兰克·辛纳屈等人都翻唱过此曲。一位来自利物浦的音乐人发现这首歌特别适合用作足球俱乐部队歌，于是 20 世纪 60 年代利物浦队开始在球场内播放，深受球迷们的喜爱，不仅赛前全场球迷要来一次大合唱，比赛中歌声也会在球场上空回荡，一旦球场陷入了短暂沉寂，球迷人群中一定会有人大喊一声："我们的歌哪儿去了？"一呼百应下，歌曲再次响彻安菲尔德。对所有利物浦球迷而言，在希斯堡惨案发生后的23年间，为了鼓舞球队和球迷走出阴影忘却悲伤，并慰藉无辜的逝者、反对不公的抨击，这首队歌始终传递出球迷对于俱乐部最忠实的精神支持——利物浦永远不会独行。

利物浦在2004-2005赛季的欧冠决赛中遭遇AC米兰队，多年未能挺进欧战决赛的利物浦半场未结束就已经0:3落后于沉稳老练的对手，球员们熬过了艰难的半场垂头丧气地回到更衣室。而利物浦球迷始终坚信比赛并未就此终结，球队需要获得来自他们的鼓励与信心，中场休息时，数万名利物浦球迷又一次让这首《你永远不会独行》传遍整个赛场。反反复复的歌声，震撼了包括对手在内的所有人。当时的主教练贝尼特斯趁热打铁，鼓舞情绪低落的球员："你们听到了吧，不要辜负球迷的期待，振作起来，应该尽快扳回一球，缩小差距！"受到昂扬歌声激励的球员再度精神振奋地回到球场，他们在下半场不到十分钟的时间内，迅速连扳三球，这下轮到被追回比分的AC米兰慌了手脚，不仅煮熟的鸭子飞了，而且还被顽强的利物浦拖入了最终的点球大战，更让"红黑军团"意想不到的是，"红军"继续乘胜追击，在这场运气与实力的博弈中神勇地从他们手上抢走了欧冠冠军奖杯，更是完成了世界足球史上最荡气回肠的大逆转！谁说足球与球迷无关？球迷的拥护定能让球队永远保有一颗冠军的心！虽非本意，但笔者想来还是决意将歌词写下来——请你想象一下万人共唱一首歌的情形，没有人会对此无动于衷：

You'll Never Walk Alone.

你永远不会独行

When you walk through a storm.

当你穿过风暴

Hold your head up high.

别低下你高昂的头

And don't be afraid of the dark.

更不要害怕那片黑暗

At the end of a storm is a golden sky.

在风暴之后是一片金色的天空

And the sweet silver song of a lark.

和百灵美妙的歌声

Walk on through the wind.

走过那阵风

Walk on through the rain.

走过那阵雨

Though your dreams be tossed and blown.

也许你的梦会湮灭

Walk on walk on with hope in your heart.

走下去，用心中的希望走下去

And you'll never walk alone.

因为你永远不会独行

You'll never walk alone.

你永远不会独行

  其他国家的球迷也都会用歌曲为球队加油，在这里就不再多占篇幅了，提及一则轶事：非洲球迷喜欢吹一种噪声很大的乐器"呜呜祖拉"为球赛造势，这一点相信大家在2010年南非世界杯上都体会过了，打开电视的你，能听到让人心烦气躁的嗡嗡声，那就是"呜呜祖拉"的功劳。尽管球迷们对此颇有微词，非洲球迷却乐此不疲。为了尊重球迷们的不同选择，这件乐器没有被禁止，有的欧洲球迷

◎ 2010年南非世界杯上,球迷们用呜呜祖拉来加油

◎ 2011年春节曼联在老特拉福德球场悬挂起的春联

◎ 曼联球迷在球场上空展横幅讽刺莫耶斯把曼联带坏了

◎ 曼联球迷要求莫耶斯下课的飞机横幅

◎ 朝鲜球星郑大世在朝鲜国歌响起时泪流满面的那一幕。在这个没有硝烟的战场上,音乐创作出了如此强烈的感情冲击

只好用横幅表达了不满:"请你歌唱,不要鼓吹!"

既然说到了横幅,也要扯开话题说一下,这同样是球场文化的重要组成部分。球迷们将鼓励或挖苦的语言写在横幅上,甚至将图画印刷在其上,阅读后让人感受到了足球文化的另一种表达形式。

球场是悬挂横幅的主要场所,各色各样的横幅,写着鼓励球队挖苦对手的话。由于是落在白纸黑字上的东西,这种横幅的传播效果有时候甚至好于歌声。不过近些年来球迷已经不满足于此,悄然流行起了"飞机拉横幅"的新玩法。

2011赛季布莱克本队战绩不佳,前11轮比赛打完,球队以1胜3平7负排名积分榜倒数,球迷们为了表达对主教练斯蒂夫·基恩的不满,在球队主场迎战切尔西的比赛中,雇用一架挂着写有"STEVE KEAN OUT"横幅的飞机低空掠过球场,他们的意愿是简单直接的,那就是"基恩滚粗"!

此前一个赛季,来自伦敦的西汉姆联队,在主教练格兰特的带领下不幸降级,球队死敌米尔沃尔的球迷为了嘲笑他们,就雇用飞机挂着写有"埃夫拉姆·格兰特,米尔沃尔的传奇"字样的横幅掠过球场上空,讽刺格兰特是米尔沃尔派去的卧底。

另一种比较新颖的横幅就是电子广告板,许多英超球队将内场围挡广告牌改为电子广告板,这样不仅可以滚动展示更多的广告,而且还能以动态的形式播出,吸引更多球迷的注意。它们也不是一直在播广告,由于中国球迷对欧洲联赛关注度很高,为了表达对中国市场和球迷的重视,阿森纳、曼联、热刺等球队都在农历春节时滚动播出中文贺词:"XX足球俱乐部祝贺中国球迷春节快乐。"这种情况已经多次出现了。

比较特殊的是,曼联曾经在老特拉福德球场悬挂对联庆祝春节:2011年的2月3日是中国的大年初一,曼联队在老特拉福德球场东北悬挂起了一副巨大的春联,与无数中国红魔球迷共同庆祝春节,上联写的是"红魔千里留雄劲",下联是"曼联齐歌贺新春"。不仅文笔不错,而且十分温馨。

横幅是传统的足球文化形式，经过发展和变化，就产生了上述介绍的新花样。回归到传统的表达方式上，来看一看球迷们发出的嘘声和掌声都有什么不同的意义。

球场上既然有歌声也就必然有嘘声，那是球迷们表达不满和挑衅的另一种形式。比如对方球员故意拖延比赛时间、耍手段、使假摔等不符合体育道德的行为，都会遭到球迷们高分贝的嘘声作为回应。当然，若是本方球员在比赛中出工不出力甚至消极怠工，那么"衣食父母"一样也会毫不留情地报之以嘘声。

事实上，广大的球迷都具备优良的赛场素养，他们热情、宽容、极富爱心与同理心，只要支持的球队在赛场上全力以赴，即便输掉了比赛，他们同样会回报热情的掌声；哪怕作为对手球队的球员为奉献精彩比赛不遗余力，同样会赢得球迷尊重的掌声。2006年在曼联客场对阵利物浦的足总杯赛中，曼联球员阿兰·史密斯由于积极封堵对方球员射门，不幸小腿骨折，彼时的惨状让人触目惊心，而当队医奔为其采取了紧急处置，抬离球场时，利物浦球迷放下了心中的对立，大家不约而同起立鼓掌，为这位球场勇士送上真挚的祝福，这就是属于足球的人文关怀闪光的一刻，也是竞技体育与粗野的肢体冲突最本质的区别。

掌声在足球场上的应用比较广泛，最常用作对本方球员表达鼓励和赞赏，此外也有一些其他的用意：如果a方球员因受伤而不能继续比赛时，b方球员主动将球踢出界以方便对手接受治疗的话，球迷们会对其公平竞赛的风度报以掌声，同时，a方球员也会在比赛重新开始之后，绅士一般地将球踢还给b方，那同样会赢得球迷们的赞赏。

不过球场上的掌声也会在毫无预兆的情况下突然响起，甚至持续很久，这一情形往往会让初次看球的人感到莫名其妙。

一般这些掌声都会在比赛进行到某一时刻响起，为的是向身披此号码球衣的球员或者这个时刻曾经发生过的事情表达敬意。

2012年3月，英超球队阿斯顿维拉的队长、保加利亚人斯蒂利安·彼得罗夫被查出患有急性白血病，必须紧急就医暂别绿茵场。从那时起，维拉球迷为了表达对老队长的支持，每当比赛进行到第19分钟时（彼得罗夫的球衣号码为19号）全体起立鼓掌。尽管在2013年彼得罗夫选择了退役以全力抗争病魔，但是维拉公园里的掌声依旧为他绵延不息。笔者也和所有球迷一样，谨以最真挚的掌声，祝愿这位伟大的球员早日康复！

2009年西班牙人队的队长哈尔克不幸猝死赛场，随后的西甲联赛上，球迷们在第21分钟都会自发地起立鼓掌，怀念这位21号球员。而2010年世界杯决赛上为西班牙打入制胜进球的伊涅斯塔，更是在赛后脱去球衣，展示纪念哈尔克的T恤，在足球生涯最高光的时刻提醒大家——不要忘记为足球献出生命的英灵，也许掌声才是告慰在天之灵最温馨的表达。

掌声可以很温馨，也能很冰冷。2011-2012赛季的"蓝军"切尔西，联赛陷入困境，欧战淘汰赛首回合1∶3负于那不勒斯队，在这种双线战场不利的情况下，迪马特奥临时接替执教战绩不佳的博阿斯出任球队主教练一职，并帮助困境中的球队奇迹般地夺得当赛季欧冠冠军。作为半路接手球队的救火教练，迪马特奥在作为球员效力切尔西时期曾身披16号球衣，因而被球迷亲切地称为"自家人"。而在接下来的赛季，仅仅因为球队在前几轮比赛中的表现不尽如人意，失去耐心的老板阿布就解雇了这位功勋教练。球迷们对此决定极为不满，在之后的比赛中，全体球迷不约而同在第16分钟集体起立鼓掌，以此方式声援迪马特奥以及表达对阿布拉莫维奇的不满。而继任教练贝尼特斯，则受到了球迷们嘘声和标语的讽刺挖苦，整个赛季他都未能感受到来自球迷们的温暖，于是，赛季末的黯然下课使其成了又一个匆匆过客。

# 意味深长的号码

最初参加足球比赛的球员是没有号码的，在 1928 年的一场切尔西对阵阿森纳的比赛中，号码被首次使用，并逐渐地被更多的球队接受、使用，直至今天的全面普及使用。最初球衣号码是能够使人立马分辨出球员场上的位置（这个有点像篮球的一号到五号位），虽然欧洲和美洲使用号码的习惯稍有不同，但总体而言，依照最传统的号码与球场配置情况，1 号至 6 号球衣归属防守球员，而 7 号至 11 号则归属进攻球员，具体说来：

1 号几乎一直都是守门员——准确说来是主力门将的号码，2 号为右边后卫，3 号则是左边后卫，4 号与 5 号球员隶属中后卫，6 号归中场后腰所有；7 号球员可以是右边前卫，也能成为边锋，8 号是中前卫，9 号是中锋，10 号球衣一般都会给予球队的核心，或前腰或中锋，而 11 号是左边前卫。

按照传统的号码规定，替补守门员拥有的是除去主力球员 11 人之外最靠前的一个号码——12 号，但是这个号码曾因为被名噪一时的法国前锋亨利穿着而与众不同。如今 12 号早已成为一枚"万能"号码，什么位置的球员都可穿着。由于世界杯上每支参赛队都必须由 23 名球员组成，即两套阵容外加一名第三门将，于是这名第三门将便顺理成章成为 23 号球衣的主人。

虽然球衣号码的安排开始变得随性了许多，号码居于球场定位与意义也在被逐渐弱化，但是不变的地方就在于，伟大的球员永远能赋予号码别样的含义。

任何的门将都会以历史上伟大的 1 号为荣，只要想想列夫·亚辛、迪诺·佐夫、奥列弗·卡恩这一连串 1 号门神的名单。当然，也有极个别因个人喜好另辟蹊径的，比如特立独行的意大利门将布冯，他未到二十岁就已成为全世界最优秀的门将之一，彼时心高气傲的他竟然选择了 88 号球衣，立马遭到了媒体的非议——"88"具有纳粹意味，罗马字母表的第八个字母是"H"，所以 88 就是"HH"，更有"嗨，希特勒！"的隐喻。对此，布冯解释"88"不过是出自意大利语的简略形式，意为一个人球技很棒，能同时控制四个球。不过在媒体"附会"的巨大压力下，布冯退而求其次地选了 77 号，直到他转会来到斑马军团① 才回归遵从了 1 号的传统。

作为"古典式"右后卫的标志性人物，巴西名将卡福和曼联球员加里·内维尔都是球场 2 号的代表。3 号是左后卫的代名词，不禁让人想到起马尔蒂尼、法切蒂。不过说实在的，意大利国家队很长时间内都是按照姓氏安排球衣号码的，人们常常唏嘘继承 3 号传统的后继乏人。而在一些球队内，常常会为了选谁当选队长而闹得不欢而散，意大利国家队采用了很简单的准则——谁在国家队出场次数最多，谁就是队长，而从这条不成文的规矩受益最多的，那就非右后卫莫属。

作为传统中后卫的标配号码，近几年内许涌现出的不少防守型中场也开始占有 4 号球衣，比如有着"法国铁腰"之称的维埃拉，作为 box to box（意指"从禁区到禁区"）类型的球员，体现出强硬作风与奉献精神的完美合一。5 号球衣堪称中后卫中的"10 号球衣"，世界顶尖的后卫都热衷于选择这个号码，里奥·费迪南德以及唯一的后卫金球奖得主卡纳瓦罗都是这个号码的代言。相比之下本应代表防守型中场球员的 6 号，却是巴西左边后卫罗伯特·卡洛斯让这个号码熠熠生辉。7 号在贝克汉姆和劳尔横空出世之前还没有那么值得铭记的象征意义，不过上帝 7 天创造世界的圣经故事赋予了"7 号"神圣和传奇色彩；曼联和皇马队史上都有众多身披 7 号的绝世球星，成了两支球会的精神传承。之后贝克汉姆离开梦工场远走伯纳乌，这使得"银河战舰"突然间拥有了小贝、菲戈和劳尔三名伟大的"7 号"，虽然最终菲戈选择了 11 号，小贝以"致敬乔丹"的名义选择了 23 号，但是在曼

① 这是尤文图斯足球俱乐部别称。

◎ 葡萄牙国家足球队时期,身着 7 号球衣的 C. 罗纳尔多(图片由 Dagur Brynjólfsson 提供)

◎ 加入了洛杉矶银河俱乐部后，贝克汉姆在新闻发布会上展示他的 23 号球衣（图片来自 Getty）。

联和英格兰国家队的 7 号情愫已经融入了他的血液中，以至于贝克汉姆还将这个数字作为其"小女儿,"的中间名。接过曼联贝氏 7 号衣钵的是 C. 罗纳尔多，这是曾经少不更事的他所未曾想象过能拥有的荣誉。他提出更换为 28 号球衣——那是他在里斯本竞技队的号码，但是曼联主教练弗格森坚持要他穿上 7 号球衣。在旁人眼里，这是一种僭越与对传奇的不敬，不过日后 C 罗历经淬炼与蜕变为巨星的事实，见证了弗爵爷的慧眼识珠。

兰帕德、杰拉德、卡卡，当然也少不了"斗牛犬"般的加图索，一个个如雷贯耳的大名，成就了 8 号"核心"的代名词，无论是核心前腰，或者是主力后腰，总之，这是一个承载得下球场使命的号码；罗纳尔多，范巴斯滕，托雷斯，因扎吉……如果说 8 号代表着核心，那么 9 号就是荣耀的象征。为了获得这个号码的青睐，自然少不了一番"安排"。1999 年，素有"阿根廷战神"美誉的巴蒂斯图塔从佛罗伦萨转会罗马俱乐部，罗马的 9 号归属蒙特拉，面对蒙特拉的坚持，巴蒂退而求其次选择了 18 号，只为一圆意甲冠军的夙愿。1997 年罗纳尔多转会国际米兰队，9 号战袍属于智利球星萨莫拉诺，罗纳尔多只得选择 10 号。不巧第二年最爱 10 号的罗伯特·巴乔也来到蓝黑军团，这让俱乐部也在球衣分配上犯了难，一番妥协之后，巴乔如愿拿到了心爱的 10 号，大罗变成了 9 号，而让出了象征荣耀号码的萨莫拉诺，被迫改穿 18 号，心中不满的他在数字 1 和 8 之间加上了一个小小的加号，意谓 1+8=9。萨莫拉诺就这样变成了特殊的 9 号，直至 5 年后当俱乐部为曾经的"恐怖伊万"（萨莫拉诺的球员绰号）举办告别仪式之后，这个缔造了足坛传奇的"1+8"才正式落下帷幕，但同时也开启了一个索要号码的风气，尤文图斯 28 号的迭戈效仿了一回，当罗纳尔多转投 AC 米兰时又故技重演，不过并非每次都能得偿所愿，由于身披 9 号球衣的因扎吉绝不退让，罗纳尔多就挑选了 99 号以示球迷自己才是球队的头号射手，因扎吉自然也毫不示弱，但凡进球都会双手指向背后的号码，宣誓捍卫着属于自己的射手主权。

不过无论争夺号码的明争暗斗是如何的激烈，10 号球衣永远只归属核心的前腰或者中锋球员所有，贝利、普拉蒂尼、巴乔、济科、马拉多纳、托蒂、梅西，无一不是如此，唯有齐达内内外有别：虽然贵为法国国家队 10 号，但是在俱乐部联赛期间，无论是尤文图斯队的 21 号，还是皇家马德里队的 5 号，他都与球队"大脑"无缘。但是金子就不在乎计较号码更迭的得失，这或许才是这位法国儒将胜人一筹的地方吧！

在人们印象中，11 号一直是边路那个盘带出色、跑不死、追不上、拦不住的追风少年，吉格斯、罗本成为这个号码最为闪耀的代表。事实上，11 号往往承担着绿茵场上"摧城拔寨"的使命，无论是老前辈罗马里奥、里瓦尔多，还是如今依旧驰骋赛场的伊布拉西莫维奇、德罗巴，都足以让每一个球队谈之色变。

球迷们习惯于聚焦每场比赛的 11 人首发大名单，事实上在这份名单之外的替补球员,同样拥有众多与号码有关的别样趣事。

不妨说说让西方人忌讳颇多的 13 号。熟悉圣经的人都知道,13 是犹大和断头台的代名词,所以许多球队压根就没有 13 这个号码。不过似乎也有球员不信邪,曾经的意大利后卫内斯塔和德国中场大将巴拉克,就都是 13 号的"忠实粉丝",而在巴拉克退出德国国家队之后,居然还有人争着要这个号码,他就是南非世界杯最有价值球员托马斯·穆勒。这个被广大中国球迷戏称为"二娃"的前锋似乎有着前辈不曾享有的无与伦比的运气,尽管巴拉克倒在离成功唾手可得的地方,人们总认为他是中了 13 厄运魔咒,但是继承了前辈衣钵的穆勒不仅闪耀世界杯球场,而且在俱乐部夺冠如探囊取物,德甲与欧冠冠军屡有斩获,"13 号魔咒"的噩运就此灰飞烟灭。

荷兰巨星克鲁伊夫是荷兰足球史上最大牌的 14 号球员,其伟大不限于球员生涯,若是能有一座世界杯金杯的渲染,那么他绝对是继贝利和马拉多纳之外的又一位球王。作为荷兰全攻全守打法的旗帜人物,他可以胜任场上多个位置,由于打入过一记异常精彩的凌空抽射而得名"飞翔的荷兰人"。他坚持身着 14 号球衣出赛,成了那个传统年代个性球星的典范。担任教练期间,他把荷兰全攻全守的打法移植巴塞罗那,并且建立起成熟的青训体系。不过嗜烟成性的他差点被心脏病带走,大难不死之后只能靠嚼棒棒糖过过烟瘾,此情此景着实让人忍俊不禁。另一个身穿 14 号球衣的巨星要数法国射手亨利,那还是其在阿森纳俱乐部效力期间。有人问他选择这个号码是否是致敬克鲁伊夫,他给出了肯定的答复,但旋即又表示当他来到阿森纳时 14 号已是当时最小的号码,他也只是想选个尽可能小的号码而已。而在现役球员中,最著名的 14 号非克罗地亚人莫德里奇莫属,他本人非常欣赏克鲁伊夫,巧合的是他的长相也酷似荷兰巨星,所以经常穿着 14 号球衣,球迷们因此也亲切地称呼他"克罗地亚的克鲁伊夫"。

巴乔在 1990 年世界杯初露锋芒时身穿 15 号球衣,这也是曼联队铁血队长维

**CITY CULTURE**
The March Of Football Field

迪奇的号码,这是一个锋卫皆宜、相对中性的号码。相比之下,16 号则是许多中场球员的首选,比如曼联队的迈克尔·卡里克和罗伊·基恩,此外德国队队长拉姆虽然司职边后卫,但也选择了 16 号。至于 17 到 20 号,在众多球员眼里多是备选号码——那是没能拿到理想号码,退而求其次的选择罢了。比如得不到 7 号就改要 17 号,匹配不了核心的 10 号,就转而选择 20 号。类似当 C 罗与菲戈在国家队号码"撞车"时的情形,17 号便成了前者的必选。

　　之前咱们提及过萨莫拉诺的加法。抛开情感因素,不少前锋为了避免成为 9 号的压力也会主动选择 18 这个号码,不过曼联队的斯科尔斯则是个例外,因为他是一名中场球员。19 号的情形与 18 雷同,那同样是众多进攻球员的备选,而 20 号同样不乏高手青睐——无论是 1998 年惊艳世界的"追风少年"迈克尔·欧文,还是转投曼联、一了英超冠军夙愿的罗宾·范佩西,都让替补号码添彩不少。21 号曾几何时只是齐达内、皮尔洛和艾马尔这样低调的核心球员的偏爱,而如今就连这个低调的号码,也在球员中变得日益风靡起来。22 号中最有名的球星就是 AC 米兰队的卡卡,这位上帝虔诚的信徒不仅球技精湛,而且球场内外一直都是球员职业操守的典

◎ 荷兰巨星克鲁伊夫是荷兰足球史上最大牌的 14 号球员

◎ 梅西的 10 号球衣　　　　　　　　◎ 卡卡的 22 号球衣

范。说到他的名字倒的确"有事"可聊，事实上"卡卡"只是他的小名，他本名"里卡多"，由于他的弟弟发不出这个音，索性就叫哥哥"KaKa"。令人尴尬的是，AC 米兰队是意大利球队，而 KaKa 在意大利语中是"大便"的意思，每当他进球时，现场 DJ 就不得不巧费心思了："刚才进球的是……我们的巴西球员！"这可真为难了直播大叔呀！

事实上，巴西球员由于名字太长，经常用小名或绰号代替大名，贝利、罗纳尔多、里瓦尔多、卡福、迪达、加林查等事实上可都是球星们的绰号呢！好吧，现在你相信巴西人真的是一群天生好玩的乐观派了吧？

此外，极个别的超大号码也曾出现在绿茵场上，比如出生于 1976 年的乌克兰球星舍甫琴科，他就曾选择了 76 号作为球衣号码；至于前阿森纳丹麦球星本特纳选择号码的理由更为奇特：因为其姓氏以拉丁字母 B 开头，他干脆穿上了 52 号球衣，意指 B52 轰炸机，也算是对自己作为前锋能在球场上所向披靡的一种期待吧！

# 庆祝动作

现代足球发展初期，庆祝动作远没有今天这么花样百出。但凡进球之后，球员就要快速回到本方半场，仅仅是张开双臂向球迷挥手致意而已，最好的方式就是接受队长握手礼以庆祝进球。而当今的进球庆祝动作则蕴含了众多内涵，那是足球场上最有趣也最值得期待的花絮之一。

## 普通型（球进了！我来了！）

一般球员进球后的庆祝都显得中规中矩，没什么出格的举止。

前英格兰中锋阿兰·希勒在进球后会高举右手，然后冲向看台的方向，类似于向观众致敬。中国球员郝海东则是一成不变地伸出食指指向天空，被球迷戏称为"一指禅"。

贝克汉姆进球后经常狂奔到观众席前，随后平举双臂，接受球迷们的欢呼。而在2002年的韩日世界杯上，所有为英格兰进球的球员都得到了小贝吻颊的祝福。此情此景，想必一定会让无数女球迷为之疯狂倾倒吧！

## 军火控（力拔山兮气盖世！）

伟大的阿根廷前锋巴蒂斯图塔会在进球后用双手摆出霸气的"机枪扫射"状，庆祝动作与他进球时的气势一样，真可谓是"力拔山兮气盖世"！

第三章
球场风云——与足球有关又关于人文

◎ 左图：巴蒂斯图塔"机枪扫射"
◎ 右图：中国足球运动员李金羽

爱尔兰前锋罗比·基恩在进球后会先做出一个侧手翻，接随其后来一个前滚翻，然后迅速起身对天来个"双枪射击"，其动作连贯不拖泥带水，像极了一个身怀绝技全副武装的特种兵。

而中国球员中也曾不乏进球后的"庆祝大师"。李金羽就是这么一个性格开朗、乐观的球员，其庆祝动作也同样别出心裁。1998年的曼谷亚运会，他斩获了多粒进球，同时上演了诸如弯弓射箭、侠客拔剑、游泳和击打棒球等创意十足的庆祝动作，但最经典的还是他那经典的"机枪扫射"，虽然不是他的首创，但经他这番演绎更显喜感十足，同时连同他的高效进球一并征服了中超赛场。

## 虔诚的信徒（让上帝主宰一切！）

不少足球运动员本身也是虔诚的教徒，比如巴西球员卡卡在庆祝进球时一定会在胸前画出十字，然后双手指天感谢上帝。巴西人对待信仰十分慎笃，尤其是对卡卡而言，这个标志性的指天动作有着更特殊的意义：他年少时曾经在游泳池伤到了脊椎骨，别说继续踢球，就连正常行走都受影响，此时全家人共同祈祷上帝能让他康复。结果奇迹就这么发生了——卡卡不仅恢复了行走奔跑，还成功立足职业联赛，并最终晋升巨星级球员行列，所以卡卡的言谈之间总离不开上帝，就连其球衣内的T恤上也写有"我属于耶稣"，其对上帝的虔诚可见一斑。

同样的，墨西哥新星"小豌豆"埃尔南德斯在进球后也会在胸前画出十字，而后双手指天。而他还会在比赛前跪在球场中圈弧内，摊开双手紧闭双眼，向上帝祈祷。

无论是天主教还是基督新教，上帝在西方国家宗教信仰中的主导地位从未改变，作为信仰的一种表现出现在绿茵场上的庆祝动作中，能做到庆祝虔信两不误，所以这种庆祝方式自然会为许多球员所采用。

第三章
球场风云——与足球有关又关乎人文

◎ 卡卡双手指天

◎ 贝贝托庆祝孩子出生的"摇篮舞"

## 庆祝孩子诞生（献给你的进球，我的宝贝！）

这是球员庆祝自己成为父亲的举动，进球的快感掺杂着成为一名父亲的幸福感。最经典的庆祝方式要数巴西前锋贝贝托，1994年世界杯上巴西对阵荷兰的比赛中，贝贝托打入一球，同时为了庆祝儿子的出生，他跑向场边，用双臂模拟摇篮左右摇晃的样子，队友马津霍和罗马里奥也跑来与他一起庆祝，这个庆祝动作被媒体敏锐地捕捉到，后来逐渐为更多的球员所效仿。这便有了球场上的"摇篮舞"。

西班牙前锋托雷斯在进球后，将自己的大拇指塞进口中，这个模仿孩子吸手指的动作同样预示着自己已经升级为父亲，还有的球员会把足球塞进球衣，模仿孕妇的样子，庆祝新生命的诞生。

克罗地亚球员奥利奇则相对比较另类，比赛前他会内穿印有孩子们照片的T恤，一旦比赛中进球，他便掀起球衣露出孩子们的照片。不过如今他已经很少这么做了，据他本人解释，在比赛后反复洗涤衣服会让图片褪色，那还不如留在家里珍藏起这份属于私人的幸福吧！

## 秀恩爱（只为你疯狂！）

笔者在 1998 年世界杯时第一次见识到这样的庆祝，巴西球员里瓦尔多在进球后不断亲吻自己的无名指，当时年幼的自己自然不明就里，后来才知道那是在亲吻"婚戒"以表达对妻子的爱。曾经的"西班牙金童"劳尔也经常以这个动作庆祝进球，他也因此得名"指环王"。

不过在正式足球比赛中是不允许球员佩戴任何首饰的，一经发现便会被处以黄牌，所以劳尔们事实上亲吻的只是光秃秃的无名指。不过戒指比起项链要小巧一些，如若球员能用胶布包裹在戒指外面，裁判也便不再追究了。尽管如此，还是要奉劝喜欢踢球的朋友们，别佩戴任何饰品进入球场。在 2003 年 12 月 5 日进行的一场瑞士甲级联赛的比赛中，赛尔维特队的中场球员保罗·迪奥戈助攻自己的队友攻入一球，随后他兴奋异常，冲出场外爬上球场与看台之间的隔离网与球迷疯狂庆祝。然而让他万万没想到的事情发生了，在迪奥戈兴奋之后转回球场继续狂奔时，左手无名指上的结婚戒指被卡在了金属隔离网上，他的一个手指就这样硬生生留在了网格中，悲剧就这么发生在欣喜若狂的瞬间。当他倒在场内痛苦不已时，裁判还误以为他在拖延时间对他出示黄牌予以警告。而当大家发现缘由之后，马上将迪奥戈紧急送入医院，但是医院告知他不仅断指无法接回，而且连剩余的部分也必须被截除，而那枚结婚戒指再也不能戴回原来的位置上了。这是血淋淋的教训，谁也不能带任何侥幸心理。

如果真想在球场上秀一回浪漫，不妨学习一下罗马王子托蒂。他在进球后掀起球衣，露出提前准备好的 T 恤爱情宣言："你是我的唯一！"想必看台上的女友布拉茜早就沦陷在托蒂亲手编织的情网里啦！

## 文身秀

一些球员会在进球后展示或亲吻自己的文身，比如利物浦的乌拉圭前锋苏亚雷斯，进球后他总会亲吻手腕上刺有他女儿名字的文身。无独有偶，"外星人"罗纳尔多有一段时间在攻破球门后，会抬起左手手腕贴在额头上——为了表达自己的爱情，他在左手的手腕上文上了字母 R 和 D，代表他和女友名字的首字母。不过在他第一次尝试用这个庆祝动作表达自己丰富情感时，罗纳尔多就错把右手举了起来，急得当时在看台上的女友大喊："错了！错了！"想必在如此嘈杂的球场，"外星人"自然是无法接收到对方的信息，好在他很快意识到了错误，迅速改回左手。

## 来自"手铐"的宣泄

伴随庆祝的动作推陈出新，原本单纯的动作也被有意无意地带上了叛逆与个人宣泄的意味。

埃弗顿球员卡希尔在进球后曾将双手交叉身前，如同被扣上了手铐一般。他的哥哥因为斗殴致人重伤而入狱服刑，卡希尔为表达对哥哥的支持做出了这个举动，自然也引起舆论的一片哗然，认为这种形式的"支持"有悖基本的道德，当然，卡希尔事后也解释自己太过冲动，并在此后更换了进球后的庆祝动作——对着赛场角旗区挥舞双拳——看得出，他是一贯的那样"冲动"。

法国球员阿内尔卡有着特立独行的个性，在 2010 年南非世界杯的比赛中，他就敢于当着主教练多梅内克的面破口大骂，法国足协为此对他处以 18 场禁赛的重罚，而这一处罚决定引起了法国队全队在世界杯期间的罢赛风波。好不容易平息了此次风波，但是阿内尔卡可不是省油的灯，当他在加盟切尔西之后的比赛中取得进球，竟和队友德罗巴一起做出了反铐双手的庆祝动作，意在讽刺法国足协处罚的不公，为此又遭到了媒体的口诛笔伐，其恶劣影响比起禁赛风波可谓是有过之而无不及。如今，这位昔日球星只能混迹印度联赛维系职业生涯，但愿增长的年龄与下滑的竞技状态能帮助他反省，从自私的宣泄中走出来，而不是在错误的泥沼中越陷越深。

## 翩翩起舞

那不是真的在跳舞，或许更像在自娱自乐。2006年英格兰中锋克劳奇在一场热身赛中做出了让人忍俊不禁的庆祝。当他打进了一粒头球之后，站在球门边顺势跳起了"机械舞"，但是2米多的身高和瘦骨嶙峋的身材，使他的舞蹈动作变了形，舞蹈本身充满了喜感。可能是对自己的"表演"有点后悔，此后当他在世界杯上再度斩获进球之后，没能再炫舞技，这让球迷们多少觉得有些遗憾。

巴西球员罗纳尔迪尼奥经常会在球场上来上一段热力四射的桑巴，由于他超高的身体协调性，使得所以每次的舞蹈都让人回味无穷，只是每当回顾此情此景，都不禁会为他流连夜店糟蹋天赋的事而倍感惋惜。除了舞蹈，有时他还会在庆祝时双手摆出"六"的手势，那是巴西人见面打招呼时常用的手势，就好比中国人撞见熟人时都会问对方："吃了吗？"也许，巴西的小伙伴们逢人就会来上段"六六大顺"吧？

## 草坪"杀手"

有一种庆祝动作被称作"滑跪"，顾名思义就是双膝蜷曲，让小腿尽可能接触草坪，以下跪的姿势借助惯性向前滑行。

**CITY CULTURE**
The March Of Football Field

听上去这个庆祝动作还挺复杂的,比较适合"高大上"的球星迎接球迷的顶礼膜拜时专用。不过其中秘诀有二:其一,要有较高的奔跑速度,其二,在滑行过程中要让上半身尽力后倾,否则失去重心一不小心就会来个"狗啃泥"。贝克汉姆就曾经演砸了这样的庆祝,好在"万人迷"人气够旺,球迷们不仅毫不在意他的失误,反而争相模仿,可谓爱屋及乌啊!亨利也是"滑跪"的爱好者,还有C罗、劳尔、罗本、范佩西等一干重量级的球星都是这个庆祝动作的拥趸。不过,如此庆祝方式对球员的膝盖也是一个不小的隐患,亨利在阿森纳队时的队友维埃拉就因此拉伤了腿部肌肉,而曼联历史上素有"娃娃脸杀手"之称的索尔斯克亚甚至因为滑跪庆祝,而患上了困扰其足球生涯的膝伤。即便如此,也阻挡不了晚辈后生前赴后继效仿的脚步。

此外,这个庆祝动作对球场草皮的伤害也很大,队员潇洒地划过草皮,却留下两道抹不去的"伤痕",这也是"草坪杀手"名称的由来,也让许多球场草坪管理员为此伤透脑筋,他们无一不严禁球员如此肆无忌惮地放纵,甚至还下达了通牒——否则你来修理草皮!只是一纸空文哪约束得了玩得兴起的球员?真可谓:

安全诚可贵,

绿茵价更高。

◎ 史蒂芬·杰拉德的跪滑

若为疯狂故,

二者皆可抛!

## 半岛的挥斥方遒

意大利人偏爱使用"手势"传情达意。

请看高中锋卢卡·托尼,他在进球后露出一脸慵懒的笑容,撑开右手举到耳边,不断摇动右手,在耳边摆弄着什么,仿佛在说:"你看到我的表演了吗?我很棒!"托尼是一位大器晚成的球员,早年一直游荡在低级别联赛,几乎到了要放弃足球转行卡车司机的地步。直到而立之年的他,像被打通了任督二脉一般,突然异军突起,成为意甲联赛最佳射手,长久渴望获得大家认可的他,每逢进球便会做出这个庆

◎ 卢卡·托尼的庆祝

◎ 蒙特拉标志性的"飞机庆祝"

祝的手势,而如今,他也终于梦想成真。

"忧郁王子"巴乔虽然集足球天赋于一身,可惜总与教练相处甚难,在辗转效力佛罗伦萨、尤文图斯、AC 米兰和国际米兰等多支顶级俱乐部后,最终落脚小球会布雷西亚队。在那里但凡他进球后,都会举起双臂,做出双手背于耳后努力"倾听赞美"的架势。对于早已功成名就的他依旧渴望证明自己的雄心壮志,鲜有教练能解其中味,或许只有敞开胸怀,聆听来自球迷的热情呼唤,才能真正驱散他额头上疑虑重重的皱纹吧!

一头白发的拉瓦内利,曾经在"斑马军团"踢得风生水起。进球后他常常掀起球衣蒙头狂奔,这个动作虽说让人看得云里雾里,不过球迷对此倒是乐此不疲,

227

就连以严厉苛刻著称的主帅特拉帕托尼也宽容地表示"只要别蒙得太久我就没意见"。此后年轻的皮耶罗以极富特色的"吐舌头"让球迷们记住了他的"萌"。一个蒙头疯狂，一个可爱风趣，二者兼容并蓄的风格，让这支驰骋欧洲的劲旅多了几分生气与活力。

　　罗马队的蒙特拉有"小飞机"之称，那是因为他会伸出双臂做出"飞机滑翔"的动作来庆祝进球；老而弥坚的因扎吉进球后的疯狂庆祝虽然没有什么主旨，但是恰到好处的情绪，总能感染到在场的球迷，让人看着无不热血沸腾并为之动容；维埃里一旦上演帽子戏法，就一定会脱去上衣性感地与观众同乐。可惜国际足联已经明令禁止球员继续赤裸庆祝，违令者将受到黄牌警告，其理由是这样会影响比赛流畅性与观赏性，并且会被裁判处以出示黄牌的警告。不过正所谓"上有政策，下有对策"，球员们都狡黠地预先套上两件球衣，庆祝时只需脱去一件球衣即可，既能让多余的能量释放一下，又能免于黄牌染身，那的确是一举两得的好办法。而裁判对此又找不出破绽，无可奈何下也只得悻悻作罢。

# 活着的传奇

所有的体育运动都一样,总能找到那么一些动人的"身影",他们凭借竞技场上出众的表现与高尚的品质,成为球迷心目中永不磨灭的传奇。无论什么时代,人们都需要英雄人物,人们拥有了偶像的力量,也就拥有了支持球队的恒久热情。

堪称足坛传奇的人,或创造了卓越的成就,或对于球队忠诚无二。前者代表了拼搏与汗水,后者象征着心中的纯真与球队的无上荣耀,这恰恰是对职业足球人最为理想的期盼,也是对那些成就理想的伟大球员的致意!

## 家族的荣耀

马尔蒂尼,一个写满荣耀的名字,无论是切萨雷·马尔蒂尼还是他的儿子保罗·马尔蒂尼——后者是意大利最伟大的左后卫,世界足球史上最伟大的传奇球员之一。他追随着自己父亲的脚步,终身只为 AC 米兰俱乐部一支球队效力,这已经远远超出了忠诚的意义范畴。其大儿子克里斯蒂安·马尔蒂尼如今也已接过了父亲的战袍,从 AC 米兰青年队开始再次见证足球血脉上的承袭。马尔蒂尼家族的命运似乎注定要与 AC 米兰的荣耀合二为一。

老马尔蒂尼(即切萨雷·马尔蒂尼)是 AC 米兰首次登上欧洲之巅时球队的队长,当时的足球流行一种阵型,即在后卫身后留下一名拖后中卫,俗称"清道夫"。这名球员虽然不投入进攻,但却是守门员身前最后一道防守屏障,老马尔蒂尼就扮演着这个角色。1963 年 AC 米兰过关斩将杀入欧冠决赛,老马尔蒂尼和队友们

◎ 1969年的切萨雷·马尔蒂尼

用出色的表现战胜了强敌本菲卡队。作为队长,他最先捧起了这座欧冠冠军奖杯,可以说,他是第一个捧起这座奖杯的意大利人!结束了职业球员生涯,老马尔蒂尼转型做起了教练,1986 年起他开始执教意大利 21 岁以下青年队,在长达十年的时间里,他带队拿下了 1992 年、1994 年、1996 年三届欧青赛冠军,凭借在青年队优异的执教表现,升任 1998 年世界杯意大利国家队主教练,2000-2001 赛季他还短暂指挥过 AC 米兰,而当时的保罗已经成为球队的队长。2002 年,老马尔蒂尼出任巴拉圭国家队主教练,带队参加了韩日世界杯,如今卸任教练职务的他是 AC 米兰队的球探,专心为球队发掘潜力之星贡献自己的余热。

老马尔蒂尼育有六个孩子,保罗·马尔蒂尼无疑是他的最爱。他不仅在足球上继承了父亲的天赋,而且青出于蓝胜于蓝。虽说是以"星二代"的身份近水楼台加盟 AC 米兰,但职业足球只凭实力说话,由父亲领进门,保罗勤奋的修行才是他成功的根本。1968 年出生的他于 1985 年首度代表 AC 米兰成年队参加意甲联赛——那只是一个 17 岁的孩子,彼时不似今日,那个年代极少有人在 17 岁时就能参加正式比赛,时任主教练瑞典人利德霍尔姆正是其父的队友,尽管十分相信保罗,但上场前还是不忘叮嘱他:"放开去踢吧,当成普通的比赛就好。"当然,真正帮助保罗收获成功的则是他沉稳、全面的表现与强大的职业足球联赛适应能力。

他不仅稳健,而且左右脚能力非常均衡,许多中国球迷总以为马尔蒂尼既然踢左后卫,那一定就是个左脚将,其实不然。那个时代还很少有"逆足"踢边后卫成功的案例,就连马尔蒂尼也亲口坦言自己在青年队花费了巨大的心血练习左脚,扎实的训练与勤奋不懈造就了属于 AC 米兰的左边位传奇,也顺理成章地赢得了国家队的召唤。保罗于 1988 年完成了国家队处子战,之后较长的一段时间内,无论是在国家队还是俱乐部,他都出任左后卫,这使得球场的左侧获得了一个响亮的别称——马尔蒂尼走廊。

除了边位防守,高大强壮的身材与敏锐的洞察力使得他同样能胜任中后卫。

在防守端，马尔蒂尼始终以优雅的姿态表现得游刃有余，比起一些习惯了死缠烂打的"莽夫"后卫，他的防守能给出精妙的预判，先人一步从容化解对手的进攻，准确的卡位拦截又不伤害对手，使得他二十余年的职业生涯中从未身染红牌停赛，这恐怕只有巴西传奇苏格拉底的零红牌纪录能够媲美，只不过后者是承担防守压力较小的中前场球员，但能在直面犀利进攻时始终保持沉稳、果敢的风格，让对手望而兴叹，保罗·马尔蒂尼堪称个中翘楚。

可别误读了保罗的温文尔雅，那是搭配卓越领导力和领袖气质最佳的"外衣"。当脾气火爆的加图索①与裁判争执不下时，只有保罗才能让他心悦诚服地安静下来。这种气质与他身边的榜样有关——老马尔蒂尼就是这样的一个人。而在俱乐部中，曾与他并肩战斗过的是米兰队史上最伟大的队长之一巴雷西，他同样像竖立在保罗面前的一尺标杆，以完美的职业素养使保罗在耳闻目染中走向成熟。可以说马尔蒂尼是庆幸的，因为在他身边总有伟大的身影关注、引领着他的足球之路。

1988-1989和1989-1990赛季，AC米兰队连续两届获得欧冠冠军，1994年欧冠决赛，AC米兰面临主力中后卫巴雷西和科斯塔库塔停赛的棘手问题，对手又是如日中天的巴塞罗那，外界几乎一致地在静待加泰罗尼亚人载誉而归。时任AC米兰主教练卡佩罗派上了马尔蒂尼顶替空缺，临危受命的他以冷静带领队友众志成城，一次次将罗马里奥和斯托伊奇科夫的进攻化为乌有，最终球队以4:0战胜对手成功登顶。到了2003年马尔蒂尼更是以队长身份首度捧起欧冠奖杯，重现了自己父亲在40多年前的辉煌。

可以说AC米兰队成就了马尔蒂尼所能取得的所有荣誉：7次意甲冠军，5次欧冠冠军，5次意大利超级杯冠军，2次丰田杯以及1次世俱杯冠军……只是俱乐部的成就掩盖不了国家队经历的诸多不甘与苦涩：1990年本土世界杯半决赛，意

---

① AC米兰队防守型中场球员，司职后腰，由于其作风硬朗，拼抢、拦截能力强悍，固有"中场绞肉机"的绰号。

© 1985 年在 AC 米兰队的保罗·马尔蒂尼

◎ 老马尔蒂尼在国家队指导小马尔蒂尼

◎ 保罗的儿子克里斯蒂安

大利点球惜败阿根廷；1994年美国世界杯，由于巴雷西的受伤，马尔蒂尼与巴乔成了意大利防守与进攻的核心，虽然挺进最后的决赛，但遗憾的是，意大利依旧在点球大战中倒在了终点线上；1998年的法国世界杯，蛰伏四年的保罗再一次带领意大利卷土重来，但点球的魔咒依然没有让他如愿；2年之后的欧洲杯，他又目睹了更为悲壮的一种倒下——意大利队几乎已经触摸到了冠军奖杯，却在最后时刻被法国扳平比分，并逆转了比赛……哪怕是提早淘汰打道回府，也比面对近在咫尺的荣誉而不可得来得痛快，马尔蒂尼的落寞神情深深刺痛了球迷们。又到一年球迷的盛宴，意大利跌跌撞撞地小组出线，大家似乎看到那个熟悉的意大利又回来了，但是主裁判莫雷诺无中生有的红牌几乎提前宣判了意大利"死刑"。球场上流逝的时间，恰似岁月的无情，当更为年轻的韩国球员安贞焕仕马尔蒂尼盯防之卜头球破门的瞬间，已经34岁高龄的马尔蒂尼耗尽了油箱里最后一滴油。2003年在众人的盛情挽留声中,保罗·马尔蒂尼正式宣布退出国家队,而意大利也终于在下一个世界杯周期捧回了梦寐已久的大力神杯,这本该是天大的喜讯,但对马尔蒂尼而言却是一段五味杂陈的回忆,命运似乎在和马尔蒂尼开玩笑,即便是疯狂欢庆胜利的球迷们也深谙其理——意大利欠保罗一个冠军。

比起"马尔蒂尼",球迷们更愿意亲切地唤他一声"保罗"。作为一名长相俊朗、风度优雅,可以让无数女性为之倾倒的型男球星,保罗却是一位模范的好丈夫,没有缠身绯闻,不流连夜店,和模特妻子阿德里娅娜的结合更成了众人理想中美满姻缘的化身。如今夫妻二人育有两个儿子——克里斯蒂安和丹尼尔,而虎父无犬子,从大儿子克里斯蒂安如今的表现,依稀可以窥见其父昔日的身影。球迷们期待他能继承保罗的衣钵,延续属于马尔蒂尼家族与红黑米兰的双重荣耀。

2009年5月31日,AC米兰主场对阵罗马的比赛不仅决定着当赛季意甲冠军的归属,同时也成了马尔蒂尼职业生涯的最后一战,他将自己24年的青春无怨无悔地奉献给了这支球队。尽管以失败告终,但保罗·马尔蒂尼却将毫无争议地被载入AC米兰的史册,作为对这位圣西罗传奇的褒奖,AC米兰俱乐部也做出了决定,将他曾经穿过的3号球衣退役,并且将来只有他的儿子克里斯蒂安才有资格继续拥有它。球衣退役在足球界本就十分罕见,更何况是以子承父业的方式铭记这位功勋老臣,足见他对俱乐部和国家队的独一无二,他的成功是如此弥足珍贵。

## 纷扰中的坚持

哈维尔·萨内蒂,1973年出生在布宜诺斯艾利斯,年幼时候的他就已经开始半工半读地进行足球训练。最初萨内蒂在阿根廷当地的独立队开始职业生涯,教练员坚持认为他身材太过单薄,以无法适应职业联赛的强度为由而不让他上场。万般无奈下,他转投次级别联赛的塔勒雷斯队,两个赛季的出彩表现帮助他获得了顶级球队班菲尔德的垂青，并于 1993-1994 赛季正式加盟球队，开始了顶级联赛的征程。

而远在大洋彼岸的国际米兰队此时也恰好被马西莫·莫拉蒂收购接手，由于球队曾在其父安杰洛·莫拉蒂的经营下缔造了"大国际时代"的荣耀，因此莫拉蒂带着对国际米兰彻骨般的热爱，决意中兴困境中的球队，上任烧出的第一把火就是重金购入阿根廷球员兰伯特和萨内蒂。1995 年莫拉蒂将在阿根廷表现出色的两人一并带到了梅阿查，不同的是人们的目光似乎都放在了前者身上，而许多人甚至不知道萨内蒂是谁，更别提他到底技术如何。

萨内蒂主要司职右后卫，又可以出任左后卫、右前卫、左前卫和后腰四个位置，可谓是出色的"万金油"型球员。由于盘带和奔跑能力出众，萨内蒂可以在边路反复突袭。朴实、接地气是他迥异于南美球员的独到之处。凭借扎实稳定的发挥，他赢得了球迷的认可，并被亲切地称为"拖拉机"。

彼时的意甲联赛，尤文图斯队始终在积分榜上一骑绝尘，国际米兰因而长久失意于斑马军团的阴影之下，好在球队在洲际赛场上收获了回报：1997-1998 赛季的欧洲联盟杯决赛中，萨内蒂用一脚漂亮的远射帮助球队 2：0 领先拉齐奥队，球队最终也以 3：0 捧起了奖杯，这也是萨内蒂职业生涯上的一个巅峰。由于萨内蒂极少缺席比赛，而且发型和超人颇为相似，因而又从球迷那儿收获了另一个绰号：蓝黑超人。

萨内蒂的全盛期恰是国际米兰极度渴求联赛冠军的时期，莫拉蒂不断在球员市场投下重金，上一赛季的最佳球员，几乎都出现在了蓝黑军团的引援名单上，急功近利的心态让国米的主教练位置开始走马换将，连享誉国际足坛的"银狐"里皮也没能在国际米兰全身而退。陷入纷扰纠缠中的球队"小伙伴"分崩离析，曾经被主席奉为上宾的"巨星"纷纷选择离开，罗纳尔多、阿德里亚诺、维埃里、罗伯特·巴乔，甚至意大利核心皮尔洛都没能在蓝黑军团扎根，众多球星都迷失

◎ 萨内蒂蓝黑生涯最辉煌时刻——高举欧冠奖杯

在这里,仿佛国际米兰就是一个"球星黑洞",球队士气跌入谷底;唯独萨内蒂没有受到氛围的影响,始终恪尽职守,勤勉付出。

正是这样的优秀品质,使其在老队长贝尔戈米退役后成了球队的新任队长。不幸的是在成为队长的第一年,他就遭受到沉重的打击,在2001-2002赛季意甲联赛最后一轮比赛中,只要国际米兰客场获胜就能重新拿回久违了的联赛冠军。他们一度以2∶1领先,但是优势在手的情况,让球员们突然防守涣散、进攻无力,眼睁睁看着拉齐奥4∶2反超比分,唾手可得的冠军就这么拱手送给了尤文图斯。罗纳尔多可以在替补席上掩面痛哭,身为队长的萨内蒂不得不代表球队接受赛后采访,那简直就是炼狱般的折磨!而作为2002年韩日世界杯夺冠热门的阿根廷队,

◎ 国际米兰球迷对萨内蒂热爱不已,图为在圣西罗球场附近的涂鸦

小组赛意外折戟，让人唏嘘不已，只是恐怕无人知晓这对萨内蒂意味着什么——那是他职业生涯最后一届世界杯。

当然，"天将降大任于斯人也，必先苦其心志，劳其筋骨"。真正伟大的球员必然能熬过各种困境，经受住任何形式的打击与摧残，何况机会总是垂青有准备的人。2006年5月意大利足坛震惊世界的"电话门"丑闻被曝光，多支球队涉嫌操控比赛被罚降入乙级联赛，而意甲霸主尤文图斯更是首当其冲。这意味着，斑马军团将失去2005-2006赛季意甲冠军，联赛第二名国际米兰自动继承了这个荣誉，虽然没有在赛场高举奖杯那般酣畅淋漓，但这个冠军对困境中的球队而言堪称"及时雨"。之后的球队更是乘胜追击，拿下了此后连续四个赛季的意甲冠军，成就了史无前例的"五连冠"。这对一次次高举奖杯的老队长萨内蒂而言，真的是来自上天最好的回报！

国内联赛登顶让球队再次看到了征服欧洲赛场的良机，2008年球队迎来了绰号"魔力鸟"的狂人教练穆里尼奥，在他凝聚团队的管理和防守反击的战术下，球队终于一扫"内强外弱"的痼疾，在2009-2010赛季的欧冠决赛中战胜强劲的拜仁慕尼黑，终于重现昔日"大国际时代"的荣耀。颁奖仪式上，还是萨内蒂第一个迎接"大耳朵杯"[①]，他高举奖杯于头顶，振臂欢呼的一幕，至今铭刻在每一个内拉祖里的脑海中。

盛极必衰仿佛是一条不变的规律，国际米兰也无法回避这个问题。对于已过不惑之年但在赛场上保持全情投入的萨内蒂，所有梅阿查的死忠们都会发自内心地叫他一声"老小将"，如今这位"老小将"也不得不直面岁月这把无情的杀猪刀，不过即将迎接他的却是一个站满了传奇的更高的舞台。2011年5月，萨内蒂成了足球史上第10个职业生涯出场次数达到1000场的球员；2013年4月21日，

---

[①] 大耳朵杯是球迷对欧洲冠军联赛冠军奖杯的昵称。因为奖杯两端镶嵌有两个酷似耳朵形状的握杯，故而得此名称。

## 科普一刻

### 那些征战千场的球员

在萨内蒂横空出世之前,世界足坛历史上,合计出战 1000 场正式比赛的球员总共有 9 位,他们分别是:英格兰传奇门神彼得·希尔顿、利物浦队史第一门将雷·克莱门斯、北爱尔兰门神帕特·詹宁斯、英格兰足坛功勋阿兰·波尔、阿森纳传奇门将大卫·希曼、AC 米兰永远的旗帜保罗·马尔蒂尼、西班牙传奇门将安东尼·苏比萨雷塔、巴西王牌边卫罗伯特·卡洛斯、英国著名球星托米·哈钦森。

萨内蒂亲自将这个纪录扩大到了 1100 场,成为足球史上出场次数第四多的球员。

萨内蒂在阿根廷国家队是出场纪录的保持者,总共 145 场,这还是在错过了两届世界杯情况下的统计数据。1994 年他第一次收到来自国家队的召唤,1996 年随阿根廷国奥队参加了亚特兰大奥运会,虽然阿根廷在决赛中败给了尼日利亚屈居亚军。1998 年世界杯,阿根廷在十六进八的比赛中与宿敌英格兰狭路相逢,上半场阿根廷获得一个前场任意球,经过多名队员精妙的跑动,埋伏在禁区的萨内蒂接到来自贝隆的传球,果断左脚打门,攻入了足以载入世界杯史册的进球。2002 年阿根廷队抱憾小组赛出局,而小组赛最后一场对阵瑞典的比赛,居然成了萨内蒂世界杯赛场的绝唱。尽管是意大利后裔,但萨内蒂的心中始终以一名阿根廷人为傲,以为她而战为荣,只可惜国家队回报给他的,不过是一场灿若星辰般演出后的无言结局。

"超人"终有疲倦时,萨内蒂在对阵巴勒莫的比赛中左脚受重伤,赛后的队医检查史宣布了其职业生涯终结的可能。不过"萨小将"没有放弃回归球场的任何机会,他积极努力康复,并选择于 2013 年 11 月 10 日再次复出。不过此时的球队已今非昔比，开启他国际米兰生涯的"伯乐"莫拉蒂也已告别球队，或许这一切都预示着他离开球场的日子也已不远。2014年5月11日，国际米兰主场对阵拉齐奥，萨内蒂选择将最后一场告别赛留给这座让他恋恋不舍的梅阿查球场。他的告别演讲稿没有华丽的辞藻，质朴直白的风格一以贯之，从登陆意甲的第一场比赛开始，他注定了将是这支华丽之师中最默默无闻但也是最值得仰赖的定海神针。只有在被队友们抛向空中的那一刹那，这位为蓝黑军团贡献了全部职业生涯的"小将"队长才真正"华丽"了一回。

这就是萨内蒂，不妨用简单朴素的言辞告别这位传奇的"老小将"：

"作为莫拉蒂主席引荐国米最早的一批球星，萨内蒂成了唯一坚守到最后的那位，他已经成为自梅阿查之后最具精神感染力的一位传奇球星。他既与众人无异，又与众不同。米兰城并非其职业生涯的起点，两支欧亚大陆远方的球队留下过他蛰伏、蹉跎岁月的痕迹，一支叫塔勒雷斯，另一支叫班菲尔德；但直到他来到国际米兰后才再也没有离开。"

## 倔强的统治者

也许用"弗格森时代"浮光掠影地概括这位传奇教练的执教生涯，就像一台时空扫描机，得到的只是关于爵爷生平事迹碎片般的复制品，而事实上作为将曼联打造成英超巨人的领路人，阿历克斯·弗格森爵士26年的红魔教练生涯本身就是一册传奇，与所获荣誉相比而言，更需要关注他曾遇到过的困难、挫折，陷入重重压力之中却依然保持住的那份坚定与执着。

出生于苏格兰戈文的弗格森曾是一名职业球员，短暂而并不成功的球员生涯让他在32岁时就选择以教练的方式延续自己的足球生涯。1978年，弗格森开始执教苏格兰球会阿伯丁，并于1980年拿到苏格兰足球联赛冠军，就此打破凯尔特

CITY CULTURE
The March Of Football Field

◎ 左图：27岁的弗格森
◎ 右图：时刻准备战斗的弗格森爵士。

人和格拉斯哥流浪者两强对话的时代。1982-1983赛季，球队更是奇迹般地在欧洲优胜者杯决赛中击败皇家马德里，正因为如此骄人的成绩，1984年英国女王授予了弗格森官佐勋章（OBE）。可以说这个荣誉已经能让弗格森"死而无憾"，但事实上，那只是其辉煌执教生涯的第一块垫脚石。

如果没有1986年深陷联赛泥淖的曼联，也许弗格森就不会与红魔有任何联系，因为当时弗格森一家人早已习惯了阿伯丁的生活，而他也早早进入了阿伯丁队管理层，持有球队股份，还有将他奉若神明的痴心球迷。当他提出了想去曼联执教的想法时，家人都极力反对。面对全新的球队，陌生的环境与球迷，还有未知的将来，保守的英国人鲜有的冒险精神在弗格森身上生根发芽，一番苦口婆心的口舌终于说服家人放其出山。现在已经不清楚那晚爵爷和家人说了些什么，也许就像高卧隆中的诸葛亮，安天下之妙计早已成竹在胸，唯不肯轻言，在弗格森的心目中，也定是早已酝酿出一个足球帝国的蓝图。

当时的曼联，远没有当今这般的王者之气：球队氛围不佳，队内球员酗酒成性令人发指，更让人替阿历克斯捏一把汗的是，头三年球队成绩没有实质的变化，令部分的球迷失去耐心，希望他赶快卷铺盖走人。正如之前提到的，1989-1990赛季足总杯冠军挽救了弗格森，而他也绝对算得上"命硬"，随后勇夺欧洲优胜者杯冠军的战绩仿佛雪中送炭，让球迷看到了希望，也进一步稳固了帅位。而这座冠军奖杯，也是英格兰球队在欧洲范围被

◎ 捧起2010-2011赛季联赛冠军奖杯的弗格森

第三章
球场风云——与足球有关又关乎人文

## 科普一刻

### 英格兰之殇

1985年5月29日，在比利时布鲁塞尔的海瑟尔体育场，利物浦队与尤文图斯队进行欧洲冠军杯决赛之前，意大利与英格兰球迷在球场中发生冲突，在缺少充沛安保力量的情况下，冲突为少数流氓团伙煽动，演变为群体斗殴，造成看台坍塌，当场压死39名尤文图斯球迷，300余人在冲突中受伤。至此事件爆发后，英格兰所有球队被禁止参加欧洲三大杯赛长达5年之久。

禁赛五年后的第一个荣誉，虽然说不上是什么光彩的纪录，但对陷入低谷的俱乐部而言已经是个举足轻重的成就。正所谓大难不死必有后福，弗格森与曼联的命运至此被牢牢地绑在了一起。1992-1993赛季时隔26年后重夺顶级联赛冠军；1993-1994赛季联赛和足总杯双料冠军，短短不到5年的时间内，弗格森就把"酒徒俱乐部"改造成为一支"冠军级球队"，由于其对足球的巨大贡献，1995年英国皇室赐予弗格森更高等级的大英帝国司令勋章（CBE）。让人们最津津乐道的是，1992年夺得青年足总杯的曼联小将们成了球队新鲜血液，这使得弗格森在1995-1996赛季更加大胆地兜售主力球员，开始让青训球员独挑大梁。其实曼联在当赛季的开局并不顺利，年轻球员的活力弥补不了经验上的缺失。作为死对头利物浦的名宿，阿兰·汉森也不识时务地跳出来嘲笑弗格森："靠一群孩子，你什么也赢不了。"而弗格森只用了不到一个赛季就验证了这是一句经典的玩笑。年轻的曼联在后半程开始逆转纽卡斯尔，再次获得国内双冠王。到了1998-1999赛季，球队史无前例地获得了英超、足总杯和欧冠冠军，成了第一支"三冠王"的英格兰球队，到了此时，只怕汉森的玩笑更像是一句笑话罢了。而英国女王也继续授予弗格森下级爵士勋章

（Knight Bachelor），至此才有了"爵爷"这样耳熟能详的称呼。

英超时代初期某种意义上可以看成是曼联的时代，而曼联时代又是一个由弗格森亲手缔造的时代。1999-2001年及2007-2009年两度完成联赛三连冠，洲际比赛上也两夺欧冠冠军奖杯，尽管期间诸路豪强你方唱罢我登场，但弗格森麾

> **科普一刻**
>
> ## 英国的爵位制度
>
> 这里需要简单介绍一下英国的爵位制度。英国女王颁发给弗格森或其他一些平民的勋章是优秀不列颠帝国勋章（Most Excellent Order of the British Empire），简称大英帝国勋章（Order of the British Empire）。需要注意的是这些只是勋章，而不是册封爵位。
>
> 这些勋章分为五个等级：
>
> 爵级大十字勋章（Knight/Dame Grand Cross；缩写是GBE，限100人）
>
> 爵级司令勋章（Knight/Dame Commander；缩写是KBE/DBE，限845人）
>
> 司令勋章（Commander of Order；缩写是CBE，限8960人）
>
> 官佐勋章（Officer of Order；缩写是OBE，没有人数限制，但每年最多增加858人）
>
> 员佐勋章（Member of Order；缩写是MBE，没有人数限制，但每年最多增加1464人）
>
> 虽然不是爵位，但其中被颁发KBE或者GBE的人是被允许在名字中加上"Sir"（类似某种爵位的称号）的，而其他等级勋章则无此权利；并且你还得是英国国籍：比尔·盖茨曾被授予KBE，因他未入英国国籍所以不能晋爵；而这也并非世袭的爵位，以作为与贵族本质上的区分。弗格森当时所获勋章虽不属于这里的任何一种，其本质上依然是爵级勋位，而中国球迷则是由于《鹿鼎记》中"韦爵爷"的典故，因而半玩笑地称呼他为"弗爵爷"。

下的红魔都会卷土重来。2010年12月19日，弗格森打破了球队传奇主帅巴斯比二十四年零一个月另十四天的纪录，并将曼联顶级联赛的冠军头衔增加到19个；2011-2012赛季为纪念弗格森爵士执教曼联25周年，老特拉福德球场的北看台改名为"弗格森爵士看台"；2012-2013赛季球队拿到了第20个顶级联赛冠军，球场北看台外也竖起了爵爷的雕像，与此同时，弗格森爵士也对外宣布了自己将在赛季末退休，结束长达39年的执教生涯；他还在球迷们欢呼和歌声中做了主场告别演说，临别还不忘提议大家支持新教练莫耶斯，就此成就一代教头中的传奇……

事实上，弗格森带给曼联的影响力远不止这些，关于他如何管理球队走向成功则更是人们所关心的焦点。

弗格森称不上是教练中的儒帅，而且时有狂暴的一面。早年执教时就被队员们称为"暴怒的弗吉"，他最著名的就是半场休息时间的训话，如果队员场上的表现不好，他便会用暴风骤雨般的责骂招呼球员，偶尔会踢飞凳子，甚至摔碎茶杯，由此得到了那个享誉世界的绰号"吹风机"。

让众多球员记忆犹新的是，一次他对守门员舒梅切尔上半场比赛中的失误不断责骂，最终激怒了这个又高又壮的丹麦人，惹得他当场就愤怒地朝弗格森冲来。大家都以为彼得（既舒梅切尔）会杀了老头儿，就连弗格森爵士事后也承认当时心里很害怕，但表面上看来又绝对不能退缩，于是毫不示弱地也迎了上去。好在球员们及时拉开了双方。两人被分开后，弗格森看到正在气头上脱掉装备的舒梅切尔，依旧不依不饶地破口大骂："你 ** 在干什么呢？！还 ** 不快把装备穿上给我上场去！！"舒梅切尔听后竟也乖乖就范。

他的暴怒很多时候是完全不讲理的，为的只是刺激球员并树立作为主教练的威信。熟悉老爷子脾气的吉格斯和斯科尔斯等球员都知道，如果老大生气了那就闭嘴听着，千万别回嘴顶撞。

2003年2月，曼联与阿森纳恶战足总杯，半场曼联以0：1落后对手。弗格森半场休息时直言批评了小贝:"我对你的表现很不满意,你不能在右路不停后撤,而是应该大胆向前冲!"当时司职右前卫的小贝和右后卫加里·内维尔交流后,两人都不明白也不赞同弗格森的想法。小贝在自己的自传中也提到说:"我们不同意这个安排,但我不想说什么,我认为球队完全可以扭转战局。"所谓"将在外,君命有所不受"。但下半场,阿森纳再次利用曼联右路防守的破绽,由维尔托德攻入锁定胜局的一球,最终曼联以0:2告负。

事实上,小贝在比赛中已经受伤,但他却选择带伤坚持完成了比赛。不过强烈的控制欲,让弗格森怒火中烧,根本没有顾及小贝的伤情,直接大声质问:"大卫,这第二个失球该怎么解释,你当时都在做些什么?"小贝不卑不亢地回答说:"这不是我的错。"弗格森自然接受不了这般"傲慢",劈头盖脸地回击:"我在比赛前就告诫过你。问题在于你根本就听不进别人说的话!"当时的小贝已经清楚,弗格森要追究的已经不再只是那个失球与比赛的胜负,而是网罗一大堆理由借机斥责自己的违令。多年后他曾回忆说:"我对老头(弗格森)的说法感到难以置信!我整个足球生涯都对他唯命是从,从见到他开始我难道不是一直在像个无条件服从将军命令的士兵一样在服从他吗?"

那一天,弗格森严令小贝认错,却换来了小贝轻描淡写的一句:"对不起,但我没错。"这无疑挑衅了弗格森的权威底线,他咆哮着一脚踢起地板上的一支球靴,鞋钉正巧命中了小贝的左眉骨和左眼,使得小贝血流满面。顷刻间,更衣室气氛变得紧张起来,而小贝所有的委屈、愤恨喷涌而出,压抑许久的情绪让他像受伤的野兽一般失去理智,不顾一切地冲向弗格森。幸亏吉格斯、范尼等人拼命拉住他才没有让事态变得更糟糕,只是弗格森却被这一幕震惊了,他应该从未想象过自己的爱徒会如此震慑到自己,以至于一个踉跄差些摔倒,瞬间愣在那里,但嘴里依旧喋喋不休对着队医大喊:"快**把伤口给我包上!"混乱持续了一分钟小贝才安静了下来,风波虽然平息,但小贝冷冰冰地从弗格森面前扬长而去,彻底预示着两人情同父子的关系化为了历史，这也便有了赛季末争相瞩目的体育媒体头版头条——"万人迷"转会伯纳乌。

这就是弗格森"简单粗暴"的理念：主教练必须是权威，如果有队员认为自己能逾越这道坎，那么距离他离开曼联的日子就不远了。不论是绰号"州长"的保罗·因斯，在电视上公开指责队友出工不出力的基恩，还是和C罗扛上了的范尼斯特鲁伊，都被他毫不犹豫地"请"出了球队，但是他又会以球队人员配置为重，无论是提拔"92班"的毛头小伙，还是改造C罗，都很好地弥补了球队的人员变动，即便是离开曼联的球员也都会冰释前嫌，对爵爷表达发自内心的感激，不得不说弗格森虽然手腕强硬，却换得了球员们的心，曼联正是在这种权威严治与新陈代谢中不断攀上新的巅峰。

弗格森爵士的"倔强"其实并不妨碍他纳言兼听，他非常尊重学习，懂得吐故纳新，训练场上的他曾一直亲力亲为，而当助手向他提出了建议："你为何不把训练交给我们？你就在一旁观察他们的表现岂不更好？"结果，弗格森倒真的那样做了，之后的训练都由助理教练负责展开，他则安静地在一旁观察球员的状态，就连老头自己承认，这一招既帮助了自己更好地选择出场球员的名单，又调动了教练组与球员的积极性，不可谓不是一举两得的好方法。

也许是年龄增长的原因，抑或是贝克汉姆出走的缘故，让弗格森虽然依旧好胜心不减但固执强硬的执教态度和缓了不少，这让诸如C罗这样曾经酷爱花拳绣腿的球员受益匪浅，爵爷比起过往已经更愿意看到他们的潜质和提升空间，而不只是满眼的一群"长不大"的孩子。他会为心目中的核心制订有针对性的战术，并说服其他球员为其甘当绿叶，这也收获了巨星与球队双赢的结果。弗格森爵士承认自己一直脾气暴躁，但是面对异常敏感的新生代球员，他必须学会控制情绪，改变处世为人之道——多鼓励球员，放大他们的努力而不只是吹毛求疵。

不过无论是谁，胆敢挑战教练权威，依然会收到来自他最全力的反击。比如当与一位曾在报纸上质疑他为人的记者狭路相逢，爵爷总会先发制人，怒气冲冲地警告对方再撰写那些消息的后果，不过一旦得到记者积极答复后，他又会心平气和地接受对方的采访，甚至还会兴致颇高地滔滔不绝，和蔼得与几分钟前判若两人。

这种"棱角中都渗出的倔强"，这种"盛气凌人"，这种"君临天下"的霸气，正是弗格森能够成为曼联精神支柱的关键，即便球队于2005-2006赛季被格雷泽家族收购，也没能动摇红色王朝大厦的精神根基。

简单说来，来自美国的格雷泽家族以融资收购的形式成为曼联最大的股东，预示着红魔从伦敦证交所退市成了私人财产。提到"融资"收购，那可是欠了银行一屁股债来买东西！当他们获得曼联之后，必然要将曼联开发成商业价值数一数二的赚钱机器，然后所得盈利再被拿来一一还债，各位请注意，是被用来还债，而不是投入球队建设中！当别的球队都挥舞着支票招兵买马之时，红魔为捍卫球队的荣誉却不得不"缩衣节食"，这自然引起了球迷强烈的不满，游行抗议声一浪高过一浪。此时，还是爵爷带领着球队挺身而出，安抚大家说："球队还在我的掌控中，请大家不用担心！"而困境中顽强的曼联也真的做到了这一点，尤其在2012-2013赛季，经常在落后的情况下逆转比赛，不得不说爵爷的精神领导力始

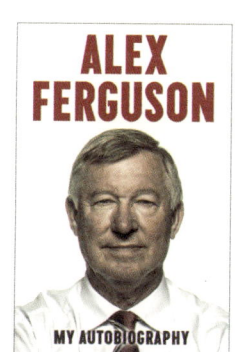

◎ 弗格森自传封面

◎ 莫耶斯是弗格森钦定的主教练继任人选，但结局却不如人意

终鼓舞着球队与球迷为胜利同舟共济。而同样的球员，为何在莫耶斯的麾下则战斗力全无了呢？

　　隐退后的爵爷一反常态地"老顽童"了一番，新出版的自传更是亮点颇多，所谓"更衣室里的事，就留在更衣室里"，那可是爵爷管理球员的"葵花宝典"，作为独门法宝又岂能外传？而如今在自传中，他却一反常态地抖落出小小屋子里的花样百态，不免会让当事人大惊失色。而哈佛大学商学院也邀约爵爷演讲，并有意聘请他长期任教。世界顶级学府为何请来一个足球教练？因为他要面对的是30个顶级球星兼百万富翁，26年屹立不倒，还有比这更典型更成功的管理范例吗？在其中有一段属于管理者本人最真实也是最宝贵的人生财富，只要听过讲座，就能不言自明——做一个不断学习，与时俱进，但放弃自大的人。

　　于此记录了三段传奇，但传奇并非童话，职业足球的残酷是真切的如触觉一般的感受，而不是脑海里天马行空般的臆测，想想如今虽混迹海外联赛但依旧老骥伏枥的劳尔，曾经那个皇马的追风少年，如今只能无奈步莫伦特斯、古蒂、耶罗[1]的后尘。球场就是这么风云变幻，即便是银河战舰也容不下那么多重金堆积起的球星，其中有得意之处及必有失意之所在，更多时候他们更像生意场上的筹码，购之锱铢必较，弃之草芥云泥，只有在如云高手之中觅得立锥之地，不落草为寇，才有生根成为传奇的可能。

　　信息时代的速度远远快过之前任何一个世纪，人们在急功近利的"时代运动"中逐渐遗忘了耐心，就像球场上的分秒必争不再是赏心悦目的一场精彩演出，这片球迷心目中承载了光荣与梦想的昔日的神圣之地，正在变成球会间利益博弈的竞技场，下注的赌资正是这群杀红了眼的球员与撕心裂肺咆哮的教练员。当竞技的肉体在这片狭小窒间的厮杀中耗尽了灵感与勇气，那么传奇也必将在被蚕食的时间中徒留追忆。所以，尊重传奇，不是寻求颠覆丛林法则的自我安慰或者乞求

---

[1] 上述三位球员都是皇家马德里队20世纪90年代的功勋球员代表。

幸运女神的降临。怀念并向往那些荣耀与梦想曾经带给生命激情、动力的日子，并且发自心底地期待更多传奇的喷涌欲出。在真正球迷的心目中，足球始终应该是一种信仰，而传奇恰是这信仰最好的化身。

# 是冤家亦是朋友——德比

关于"德比"这个词的来源可谓众说纷纭,最为人熟知的是有关赛马的版本:英国有一个盛产赛马的城市叫德比(Derby),1870年赛马大会在此举办,之后每年六月的第一个星期三都会在此举行赛马大赛。由于参赛的赛马多产自德比,这一天因而就被称作"德比日",而比赛也随之被称作"德比大战"。这个词很快传遍其他体育项目的领域,其中也包括了足球。

从意义的角度出发,"德比"最初指同处一个城市或地区的两支球队展开的比赛。在此基础上延伸出更广的范畴,比如两支所获荣誉差不多的球队之间的比赛,或者同一国家内两支顶尖球队之间的较量,甚至有时还特指两个颇有渊源的国家之间的对决。在前文已经提到这样的比赛:博卡青年和河床队之间的德比,就是典型的阿根廷"国家德比"——是为荣誉的较量,更是不同阶级的比拼;皇家马德里和巴塞罗那之间的比赛则堪称西班牙国家德比,而弗朗哥的专制统治更为比赛增添了政治交锋的色彩;多特蒙德和沙尔克04的对决象征着鲁尔区矿工之间的矛盾;而国际米兰脱胎于AC米兰的微妙关系,让这场同城间的米兰德比永远不缺少情感上的羁绊。事实上,还有一种截然不同的德比——宗教德比。苏格兰两支传统强队格拉斯哥流浪者和凯尔特人队就是宗教德比的主角双方,前者信奉新教,球队更于1910年起明令禁止天主教徒加

◎ AC米兰和国际米兰狭路相逢

**第三章**
球场风云——与足球有关又关乎人文

入；后者因为是由一名天主教圣母会教士于 1887 年建立起来的球队，天主教自然而然成了球队文化，这种信仰上的不同，让双方的比赛自始至终充满了火药味。

还记得曼联挖曼城墙角的旧案吗？没错，趁着同城球队曼城被英足总处罚的时机，红魔裹走了曼城数名核心球员，这种在对手看来"不齿"的行为让双方球迷有着不共戴天之仇，这便诞生了火爆的曼彻斯特德比。

伦敦是一座容纳了多元文化的城市，这里的足球俱乐部更是出人意料的多：阿森纳、切尔西、托特纳姆热刺、西汉姆联、富勒姆、水晶宫、女王公园巡游者，这是经常出现在英格兰顶级联赛的伦敦球队，若是算上混迹于低级别联赛的球队，数量则更为骇人。因此伦敦地区德比大战的局势异常复杂，只能从地理位置进行划分：北伦敦德比是指阿森纳与托特纳姆热刺的比赛，南伦敦德比指代米尔沃尔对阵水晶宫队，西伦敦德比则是切尔西与富勒姆的较量，而东伦敦德比则是莱顿东方对决西汉姆联队；当然，还有一场最受瞩目的新伦敦德比大战，那就是阿森

© 英超中国德比：查尔顿和曼城的比赛，两支球队各有一名中国球员

纳与切尔西之间的"星球大战"。

　　国家队之间的德比相比俱乐部则别有一番韵味，那是一种与历史"剪不断，理还乱"的国家情结，比如英格兰和阿根廷之间的争锋。众所周知，阿根廷和英国曾为马尔维纳斯群岛主权的争夺而擦枪走火，最终英国的获胜直接导致阿根廷军政府统治的瓦解，这段是非恩怨羁绊着世界两强在绿茵场上的发挥。1986年的世界杯，马拉多纳神迹般"连过五人"，用"上帝之手"终结了英国人的冠军梦，赛后阿根廷举国沸腾，而明知故问的"好事"记者追问马拉多纳，用手进球是否犯规，马拉多纳则若无其事地言道："那是上帝的手。"此言一出，举世哗然，那晚，潘帕斯狂欢不眠夜与英伦三岛义愤填膺的巨大反差，预示了此后几十年两国足坛关系的缩影——无须辩驳的你死我活。1998年世界杯上贝克汉姆被西蒙尼激怒后的冲动报复，不仅让自己染红离场，更让英格兰队黯然出局，徒留欧文初出茅庐的华丽绽放；2002年世界杯上，命运又安排两队狭路相逢，又是欧文争来的点球，让顶着"胭脂鱼"发型的贝克汉姆用一粒进球完成了救赎，三狮军团也以1:0战胜阿根廷，淤积多年的恶气一吐为快！

　　不过今日的"德比"与其初始意义已相去甚远，无论什么样的比赛，是否属于强强对话，都能被套上"德比"的帽子，多少让人产生了厌倦。不过换一个角度来看，人们总希望能刺激神经的"看点"来激活冬眠一样的神经，也许戴上了"德比"帽子的比赛，才能使电视转播的收视率和广告收入变得更为可观。归根结底，不只是球队需要德比，球迷，甚至足球本身更需要德比。尽管彼此之间有着无法调和的矛盾，但球员们深知只有对手愈加强大，才能证明自我的战斗力，才能获得更大的提升空间。无论对于比赛双方抑或对于本国足球发展而言，那都是一种良性的竞争与帮助性的实力提升。这印证了"不怕任何对手，只怕对手不够强大"的道理，而足球从诞生的瞬间起，又何尝不在兑现、恪守、不断发展这条看似残酷的法则呢？

# CHAPTER 4 第四章
## 经典赛事

回首现代足球历史，遍观世界著名球场，走进足坛名宿……终究还是要回归球场。因为只有在那里才能融入球迷的情感世界，和熟悉而陌生的球衣号码相见恨晚，共享精彩的进球瞬间——那才是与足球最为匹配的经典。本章将回顾一下球场内曾经发生过的经典瞬间，空荡荡的球场或许雄伟神圣，却少了几分生气与灵动，也许只有球迷的鼓噪和球员的精彩表演，才让球场变得有血有肉。

# 菲戈"变节"吃猪头

一看到这个标题，了解足球的朋友们也许已经知道要说到西班牙，是的，无论是进入伯纳乌还是来到诺坎普，那里就是西班牙足坛的斗牛场，永远不乏扣人心弦的故事。

西班牙国家队的成绩得到提升，他们接连拿到了2008年欧洲杯冠军、2010年世界杯冠军及2012年欧洲杯冠军。这种接连夺取国家队大赛冠军的壮举，巴萨和皇马两大球会无疑在其中功不可没，因为这支国家队几乎就是由两队球员组成的。

1982年世界杯由西班牙主办，皇马的主场伯纳乌成了最后决赛的所在地，可惜伯纳乌等来的不是自己的祖国，而是意大利和联邦德国，而最终，意大利凭借着钢筋混凝土般的防守，拿到了球队历史上第三座世界杯冠军奖杯，打入了那脚精彩远射的塔尔德利挥舞双拳癫狂庆祝，这一幕深深刺痛了西班牙人的心，他们已经66年没能在对阵意大利的正式比赛中获胜了。

西班牙足球讲究细腻的技术和精妙的传球，西班牙人对此自豪异常，然而挫败于保守的意大利面前让他们非常不甘心，尤其是在自己的地盘为对手开庆功宴，更让人哑巴吃黄连，有苦说不出，甚至患上了"恐意症"。这种"恐意症"的阴影始终萦绕心头，即便西班牙人拿到了2008欧锦赛冠军，但当与意大利在四分之一决赛中的相遇，他们依旧无法在90分钟内终结战斗，最终也只是凭借点球大战涉险过关，这让追求华丽与完美主义的"斗牛士"们痛快不起来。直到2012年欧洲杯决赛，这个苦涩的魔咒才告终结，不过，那也耗去了几代人辛勤的汗水。一方面，众多西班牙球员走出国门寻找提升和学习的空间，比如曾经分别效力于曼联和阿森

◎ 广告大片中的菲戈

纳的皮克、法布雷加斯，追随贝尼特斯前往利物浦的哈维·阿隆索，他们从讲究拼抢与身体冲撞的英伦足球哲学中学会了强硬的作风，学会了如何在适应高强度对抗的过程中，适时地发挥技术优势。另一方面，巴萨坚持多年的控球打法在青年球员身上看到了希望，球队用自己青训的成果惊艳了欧洲赛场：雷纳、阿尔特塔、路易斯·加西亚、卢克、特里斯坦……一个个从拉玛西亚青训营走出的年轻人怀揣着梦想，在欧洲各家顶级联赛中各领风骚，某种意义上说，欧洲联赛扮演了西班牙国家队的孵化机器，从那时起，西班牙队开始变得更加硬朗，比赛节奏也拿捏得四平八稳，好成绩也就变成了顺理成章的事。西班牙人用执着的投入与不断地学习换来了未来，虽然2014年世界杯，这艘"无敌战舰"又早早地折戟沉沙，不过有过历史教训的磨砺与经验总结，相信斗牛士们浴火重生只是时间上的问题！

　　国家队的荣耀使得皇马和巴萨的竞争因此显得更有意义，只不过在大部分时候，两强对抗的火药味十足。葡萄牙球星菲戈曾效力于巴塞罗那，并以优异的表现担任了球队副队长，但是当他于2000年7月转会死敌皇家马德里队时，这一举动招致了来自巴萨球迷的巨大非议。1995年，在菲戈从里斯本竞技转投巴萨之前，面临着几乎无球可踢的窘境，是巴塞罗那接纳了他，并给予了他全新的平台。而如今弃东家而奔新欢，这在重视忠诚的西班牙球迷眼中几乎是不可饶恕的举动。于是，当2002年11月24日皇马做客诺坎普球场时，整个球场弥漫着一股紧张到令人窒息的气息，就连悬挂在球场上方的显示屏也透出恐怖的氛围，仿佛要吞噬掉整个人一样。当菲戈和他的皇马队友一并出现在球场时，咒骂声山呼海啸般涌来——卡斯蒂利亚语、加泰罗尼亚语一个都不能少，"犹大"、"叛徒"的呼喊声充满了球场每一个角落，伴随着比赛始终。而菲戈的每一次拿球都会换来十万人的嘘声，雪上加霜的是脚法精湛的菲戈还要负责角球的主罚。他还未站稳角旗区，雨点般的杂物纷至沓来：手机、打火机、硬币、酒瓶，甚至还有人将一颗猪首丢下看台。此事一出，瞬间传遍整个西甲各大俱乐部、球迷与新闻媒体，人们但凡提及菲戈，都会不自觉地联想到那让当事人倍感羞辱的"猪首"。菲戈的背影在冰冷的冬雨与诺坎普地狱般的灯光下显得愈发凄凉。球会之间的球员转会本无可厚非，为何菲戈会招致来自老东家如此这般的羞辱？笔者以为原因有二。

　　由于皇马在弗洛伦蒂诺打造"银河战舰"策略的指挥棒下，施行每年一巨星的引援方针，只要投靠皇马便会给人以名利双收的错觉，替球迷想想，面对一个贪财的球员，而且还替死敌卖命，那是何等的深恶痛绝呀！而进入新世纪之后，媒体的社会效应日益明显，添油加醋的报道配合着花样百出的宣传手段进一步激化对立情绪，这就好比病未入骨髓反以猛药攻之，结果不仅没有药到病除，还殃及健康的肉身！这一夜的诺坎普，让加泰罗尼亚雀跃，让媒体为之疯狂，却留下了一个受伤的菲戈还有一连串待解的问号。

# 来自"敌人"的赞美

如果说巴萨成就了罗纳尔多"外星人"的美誉,那么罗纳尔迪尼奥就是巴萨球迷心中的"精灵",这个名字在葡萄牙语中就是"小罗纳尔多"的意思,于是众多中国球迷都会亲切地称呼他"小罗"。

在加盟巴塞罗那之前,小罗效力于法甲巴黎圣日耳曼俱乐部。尽管他深爱那里的球迷,不过球队严重的财政危机与惨淡的战绩,让渴望更高荣誉的他倍感失望,而与主教练矛盾的公开更是成了小罗离开巴黎的导火索。无独有偶,此时的巴塞罗同样陷入低谷,球队坚持了多年的足球理念饱受诟病。不过这对难兄难弟有幸在小罗的转会费用上达成共识——2003年7月19日,罗纳尔迪尼奥以2800万美元的身价来到了加泰罗尼亚。

初来乍到的小罗很快就与球队发生了化学反应,他的控球与跑位改变了巴萨原本迟缓的球风,球队运转得更为流畅,进攻更具杀伤力,球队成绩也不断回暖。从小罗加盟以来,巴萨连续17场西甲联赛不败,最终以西甲第二名的战绩顺利挺进下赛季欧洲冠军联赛。但这仅仅是个开始,罗纳尔迪尼奥在巴萨的发挥愈发出彩,帮助他获得了2004年世界足球先生的荣誉,一举跻身国际足坛顶级巨星的行列。2005年,他再夺金球奖,迎来了属于自己的"光辉岁月"。2005年11月20日的伯纳乌球场再次迎来了国家德比。彼时被巴萨压制的皇马跃跃欲试,力求借

◎ 球场上的C.罗纳尔多

第四章
经典赛事

助主场优势力擒对手——即使联赛夺冠无望，也要在家门口捍卫荣耀。

而正值职业生涯巅峰期的罗纳尔迪尼奥以两粒几乎相同的进球，让皇马球员彻底失望——比赛的第59和78分钟，小罗左路拿球，长途奔袭，用最简单但高效的假动作连过皇马数人，切入禁区完成进球。重要的是他面对的可不是泛泛之辈，而是皇马那条堪称世界一流的防线，拉莫斯、埃尔格拉和卡西利亚斯无一是等闲之辈。在他打入第二粒球之后，伯纳乌的皇马球迷出人意料地集体起立鼓掌，只因为他们都被小罗的精彩表现折服了——来自敌人的掌声，恰恰是对自己最大的认可与褒奖。

由于皇家马德里队是众多球星趋之若鹜之所在，所以伯纳乌的观众是幸福的，他们一直可以看到顶级球星在这片场地中绽放光彩；与此同时他们也是挑剔的：球队不仅要赢球，还要赢得漂亮，更别提世界级的进球，他们对此可是从不吝惜掌声和赞美之辞的。

2008年的尤文图斯在欧冠小组赛中凭借队长皮耶罗的梅开二度，客场战胜了皇马。当比赛进行到第89分钟，"斑马"队长皮耶罗被换下场时，全场球迷起立鼓掌，向这位用双脚征服伯纳乌的球星送上了由衷的赞美。2013年，同样是欧冠小组赛，同样的两支球队，人物换成了皮尔洛，作为此时尤文场上的核心，皮尔洛并未表现出最佳状态，但在下半场被换下场时依旧收到了伯纳乌观众起立鼓掌的礼遇——那是对这位34岁老将伟大职业生涯的充分肯定，因为在球迷的心目中，一名能运用大脑、调动智慧踢球的球员，既能用自己的双脚改变球赛局势，又能成为带给球迷欣赏以美感的球场艺术大师。

这样的掌声就是足球人文精神闪耀的一刻，仇恨、对立放在一边，全情投入到享受足球带来的激情与愉悦！因为，只有懂得赞美对手的人，才称得上真正懂得足球，只有欣赏这样的竞争，才是最渴望从比赛中收获的大气，而伯纳乌的观众也的确展现出了这样的大气，从而配得上"皇家"二字。

# 灾难和 1968 年欧冠的眼泪

曼彻斯特联队的辉煌归功于两个伟大的名字：马特·巴斯比和阿历克斯·弗格森，除了为曼联带去无数奖杯与荣誉，他们也共享着相同的理念：相信年轻人。

弗格森有让世界羡慕的"92 班"，巴斯比则有早在 1953 年就让其他俱乐部望其项背的"巴斯比宝贝"——那是他网罗英国大街小巷寻觅到的"珍宝"，比如邓肯·爱德华兹，就被当世赞誉为冉冉升起的新星，据说他高大不失灵活，强壮但技术细腻，是符合现代足球发展的全能战士的典范。不过一场空难将巴斯比爵士的努力彻底化为泡影，成了 20 世纪欧洲足坛挥之不去的一霾阴云。

欧洲冠军联赛诞生于 20 世纪 50 年代，而当时的英格兰俱乐部处在故步自封的边缘，自以为天下无双，不屑于和其他欧洲球会切磋交流，唯独高瞻远瞩的巴斯比爵士十分希望能够带队参加欧洲赛事，并始终相信这是促进球队学习与进步的好机会。不过英足总从中百般阻挠，1955 年的英甲冠军切尔西就曾因此放弃参赛。1956 年勇夺英甲冠军的曼联具备了参加欧洲俱乐部冠军杯的资格，巴斯比不顾英足总阻拦，不惜错失足总杯赛事也要带队参赛。

当然参赛就意味着长途奔波，由于英甲联赛会在周六开战，而欧冠比赛则是在周中进行，球队面对如此紧凑的赛程只得选择飞机旅行。曼联在半决赛时对阵前南斯拉夫的贝尔格莱德红星队，全体队员与教练员乘坐班机抵达巴尔干半岛，在一场 3:3 的进球大战之后凭借总比分 5∶4 淘汰对手。1958 年 2 月 6 日，曼联全队搭乘英国欧洲航空公司的飞机回国，途中取道慕尼黑为飞机加油。

当时的慕尼黑被皑皑大雪覆盖，机场跑道上的积雪影响了飞机滑行速度，导致飞机两度尝试起飞都未能成功。当天下午 15 时 04 分，当飞机第三次尝试起飞时，惨剧发生了。位于跑道末端的积雪让接近起飞速度的飞机突然失速，满载曼联球员、教练员和各路记者的飞机失控冲出跑道，机身左翼撞上了一棵大树，右机身冲入了一间营房并引发爆炸，事故造成 23 人死亡，其中包括曼联的 8 名球员、1 名教练和 1 名俱乐部工作人员。球队主力邓肯·爱德华兹受重伤被送往医院，虽经全力抢救，但最终医治无效。主教练巴斯比爵士同样生命垂危，医院的牧师甚至已数次为其做临终祷告，但他终于顽强地熬过了危险期，算是这场悲剧中屈指可数的好消息。

不过这次重大的打击让曼联陷入了前所未有的悲痛和困境之中，巴斯比爵士也丧失了昔日的傲气。不过他也曾发誓，自己一定要亲手把曼联重新送上巅峰，因为这一次他肩负的是不只是一名主教练的职责，还有那一个个逝去英灵的心愿。但是眼下残缺的球队，欲言崛起谈何容易，而这暂时的倒下一晃就是整整十载。"善飞能舞世人敬，皇天不负有心人"，巴斯比十年的蛰伏终于帮助曼联恢复了往日雄风，球队也涌现出了更具竞争力的年轻三叉戟：贝斯特、查尔顿和丹尼斯劳。

1967 年曼联再度拿到联赛冠军，重新获得参加欧冠的资格。1968 年曼联在欧洲赛场上一路过关斩将，并将在决赛中面对葡萄牙劲旅本菲卡队。

此次欧冠决赛的赛场选择在了英格兰的温布利大球场，这对曼联而言无疑拥

**科普一刻**

## 欧冠决赛的球场

欧冠决赛使用哪一座球场，其实是在比赛前几年就已经早早安排好的，十分类似奥运会的申办，而且无论哪两支球队进入最后的决赛，球场都不会更改。所以欧冠决赛往往都是两支球队在第三方球场上进行。除非拥有决赛球场的球队能挺进最后的决赛，那就真的拥有了得天独厚的主场优势了呢！

有了难得的主场优势，而迅速走出灾难的阴影的勇气与精神更是感染了在场的英国球迷为其加油呐喊。比赛一开始，双方都有针对地盯防对手的核心球员，在经过了上半场试探性的进攻，寻找到对手的弱点之后，下半场曼联队先声夺人，开场仅 8 分钟就由空难中幸存的查尔顿头球破门。不过经历了多年等待之后的球员，有些急于求成，接连错失了数次破门良机，反让本菲卡队利用曼联球员的急躁，于 81 分钟顽强地扳平比分，将比赛拖入了加时赛。

不过，丢球反而让曼联队员冷静了许多，他们放下了想赢怕输的思想包袱，越战越勇，完全接管加时赛：加时赛第 4 分钟，贝斯特用精灵般的技术晃过防守

◎ 慕尼黑空难纪念

◎ 慕尼黑空难遇难者：
时任曼联队长爱德华兹

◎ 慕尼黑空难遇难者：
罗杰·拜恩

◎ 慕尼黑空难遇难者：
汤米·泰勒

队员和守门员，轻松将球打入空门，之后基德和查尔顿继续锦上添花，就这样，走在复兴之路上的曼联最终战胜了本菲卡。

当结束的哨音吹响时，球员们聚拢在一起欢庆这来之不易的成功——这不仅是英格兰足球俱乐部历史上的首座欧冠冠军奖杯，也是巴斯比爵士多年日夜忧思告慰那些在天之灵的最好礼物。赛后，队长查尔顿找到了巴斯比，希望由他来举起奖杯——事实上依照惯例，任何赛事最后夺冠的球队都是由队长第一个举起奖杯。巴斯比爵士动容地谢绝了队长的心意，全场曼联球迷高唱着："我们是冠军，我们是曼联，只因有你，巴斯比！"而在颁奖仪式结束之后，队员们自发地将冠军奖杯交到了这位慈父一样的老人手里。巴斯比刺破手指，将血滴滴入奖杯。他来到场地中央，依次高喊着空难中逝者的名字，将奖杯高举过头，起起落落总共八次……事实上，此情此景早已让他泪流满面，内心的澎湃早已融汇在他的一举一动之中，仿佛在仰天长啸："孩子们，你们看见了吗？我们做到了！"

> **科普一刻**
>
> ## 巴斯比爵士
>
> 1958年，时为军队上校的马特·巴斯比被授予了司令勋章（CBE），以表彰其在球场和战场上做出过的双重贡献。1968年作为第一个率队夺取欧冠奖杯的英国人，他被英国女王授予最低勋位爵士（Knight Bachelor），1972年又被授予教皇圣格里高利骑士指挥官荣誉称号（Knight Commander of the Order of St. Gregory the Great）。

就在夺冠后的第二年，夙愿得偿的马特·巴斯比爵士正式宣布退休，1994年1月20日，老人倒在了与癌症抗争的竞技场上，俱乐部为了纪念这位伟大的曼联教练，在老特拉福德球场东看台外修建了巴斯比爵士的雕像，看台前的这条道路也被更名为马特·巴斯比爵士路。

其实巴斯比爵士和弗格森爵士的情况类似，名字中都被允许加上"Sir"，以表彰为民间的爵士称号。此外提一笔曼联前功勋球员查尔顿，他是慕尼黑空难中为数不多的幸存者，由于受到空难惊吓而一直"谢顶"，但是他勇敢地重新站上球场，1966年英格兰夺得世界杯时，他也是队中的主力球员，因而也获封爵士称号。如今，查尔顿爵士是唯一健在的空难幸存者，他是曼联队的形象大使和精神象征。他会出现在曼联队的看台上，给予球队和球迷支持，老特拉福德球场之所以被称为"梦剧场"，也是源自于他的评价。

尽管温布利球场并未出现在前文的介绍中，但这里曾诞生了史上最经典的欧冠决赛之一，值得一说。下面这场经典赛事，也是关于曼联的，它传承了这场温布利胜利。

# 红色三分钟

巴斯比爵士退休后的数年时间里,曼联再次落入低谷,而且二十多年一晃而过,如此漫长的等待,甚至让球迷们都绝望地认为,球队可能从此与冠军无缘了。不过后来的剧情想必大家都已烂熟于心,弗格森爵士率领着年轻的曼联再次崛起,结束了长达 26 年无缘联赛锦标的历史。这是一个对于冠军与荣耀孜孜以求的百年俱乐部,对国内联赛冠军的渴望一直延续到了欧洲赛场的最高领奖台,面对弗格森球队蒸蒸日上的成绩,大家对球队能再登欧冠宝殿充满了期待。

不过久疏战阵的红魔需要更多比赛的历练,经过多次成败的经验总结,1998-1999 赛季曼联终于迎来了再圆梦想的一战——他们一路闯进半决赛,即将面对连续三年杀入欧冠四强的尤文图斯。曼联在主场以 1∶1 和尤文图斯握手言和,这本不是一个好的开局,意味着曼联必须在客场战胜对手,或者至少取得高于 1∶1 的平局比分才能过关,不过这对此前客场战绩一直不佳的曼联而言,的确是个不小的挑战。比赛的进程也似乎在应验这一规律,在尤文的主场,曼联没有占到任何便宜,反被对手牢牢控制着场上局面,开场不到 11 分钟就连丢两球,好在队长基恩与前锋约克的两粒头球破门,为球队晋级保留了希望。

中场休息时间,弗格森在更衣室内送出了让这群球员至今记忆犹新的训话:"……在这场比赛结束的时候,欧洲冠军杯距离你们只有 6 英尺远了。但如果我们输掉了比赛,你们连碰它都别想了;这一次或许是你们中许多人最近距离触碰到它的唯一机会,你们难道敢不为此拼上自己的一切吗?"

爵爷堪称天才的演说家,这段振奋人心的话激励着球队愈战愈勇,并在比赛的 84 分钟时由前锋科尔攻入了反超比分的一球，曼联最终 3：2 战胜对手，进军诺坎普，等待他们的对手将是德甲"巨无霸"拜仁慕尼黑队。

正是对冠军的渴求与勇气，支撑着曼联迎来最后一战。不过损兵折将的事往往不是勇气所能弥补的。赛季进行到这个阶段，决赛双方免不了都会缺兵少将——曼联队长基恩和斯科尔斯因累积黄牌不得不停赛，而拜仁的主力球员利扎拉祖和埃尔伯也无法参加，此时对双方而言，谁若能顶住这口气，谁就将迎接最后的胜利！

1999 年 5 月 26 日，欧冠决赛在坐满十万观众的诺坎普打响，开场仅仅六分钟，拜仁就在禁区前沿获得主罚任意球的机会，巴斯勒一反常态罚出了一脚低平球，曼联守门员舒梅切尔由于视线被人墙阻挡，只能目送皮球飞入球门，拜仁 1：0 领先！此后的"德国战车"占据了场上优势，曼联只得疲于应付。眼看比赛毫无起色，弗格森派上了 33 岁的锋线球员谢林汉姆，寄希望能改善进攻，不过这一换人一时未见成效，反倒是拜仁再次威胁到曼联球门——代斯勒以一脚吊射考验了曼联门将舒梅切尔的站位，万幸的是门柱替昔日的门神挽救了曼联一程。81 分钟曼联再次换上前锋索尔斯克亚以做殊死一搏。这位挪威前锋经常替补进球创造奇迹，弗格森赌上了最后的换人名额以求奇迹的发生，也许老爵爷也懂得置之死地而后生的道理，球场就像一场博弈，与其守子以取生，莫如弃子以求胜。虽然此后拜仁球员不断在曼联门前制造险情，但当扬克尔精彩的倒钩射门再次击中横梁时，似乎暗示着大难不死的红魔必将有所作为。

比赛进入了伤停补时阶段。此时看台上的欧足联主席约翰松十分自信，他相信拜仁夺冠已是板上钉钉，况且他需要乘坐半分钟的电梯才能从包厢主看台下到内场颁奖，所以他选择提前动身，值得玩味的是，在他起身离席时还不忘向坐在身边的曼联名宿查尔顿爵士抱歉寒暄了几句，电视镜头自然不会错过这个细节；至于球迷，德国球迷已经开始提前庆祝——一切仿佛都在暗示德国人已经将胜利装进了兜里——时间已所剩无几。

◎ 球场上的谢林汉姆

　　而此时场上,曼联球员恰好获得了前场左侧的角球,眼看着冠军就要旁落,鉴于之前曾在比赛中打进过头球,守门员舒梅切尔放弃了自家球门,也冲入了对方禁区——这是最后的机会,他要为荣誉拼搏到最后一刻!不过这一幕让场下的弗格森大为不悦,他冲向身边的时任助理教练麦克拉伦大吼:"你 ** 能相信他吗?"紧张的气氛让一向沉着的爵爷也有点控制不了自己的"心跳"了。说话的片刻,贝克汉姆发出了角球,拜仁球员将球破坏出禁区,吉格斯不等皮球落地,用并不擅长的右脚迎球抽射,球不打正着地落到了谢林汉姆身前,这位老射手毫不犹豫地转身右脚扫射,球进了!曼联追平了比分!观众席上,原本沉寂的曼联球迷专用看台欢呼海啸般发出震耳欲聋的欢呼声，而原本沉浸在狂喜之中的德国球迷瞬间归于寂静，就连解说员也不敢相信眼前所发生的一切，情不自禁地大喊着："谢林汉姆，他将把自己的名字写入史册！"

而曼联的教练席倒显得异常冷静，助教麦克拉伦提醒弗格森，应该让队员们打回442准备加时赛。而爵爷倒抛开了紧张的情绪，突然变得异常亢奋："再顶一会儿，我感觉我们还会有什么事儿要发生！"他的预感很快被应验了！92分钟，就在比赛结束前的几分钟，曼联再次获得了左侧角球，贝克汉姆黄金右脚又一次奉献了落点极佳的角球，谢林汉姆再次挺身而出，他头球蹭向球门后点，埋伏在此许久的索尔斯克亚用右脚一端，皮球飞速越过了塔纳特的脑袋，再次应声入网！曼联反超了比分！一波未平又起波澜，解说员还未平复的情绪又一次被点燃："索尔斯克亚进球了！曼联来到了荣耀之地！"一切都来得那么突然，不仅是拜仁的球员、球迷惊愕了，就连曼联的球迷也未必意料到这样的结局。但胜负就是这么伴随着球场瞬息万变的局势而交替易手，随之而来的便是让人百感交集的悲喜两重天。

比赛结束了，曼联用一次"红色三分钟"戏剧性地笑到了最后！替补队员们在球场内飞奔疯狂地庆祝这场足以载入史册的胜利。而被颠倒乾坤的拜仁球员则倒地痛哭。从马特乌斯噙满泪水的双眸中，球迷们看到了德国人的悲情——这是一幕让人难以料想的剧情，但又是一个必须接受的现实。此时的欧足联主席约翰松刚刚走出电梯踏入内场，他完全被眼前的景象震惊了："为什么赢球的在哭，而输球的却在疯狂庆祝？"或许这就是足球的魅力，比赛未到结束前，永远不要让自己的视野离开绿茵场，稍纵即逝的代价就是错过足以载入史册的瞬间！相信事后得知详情的这位前任欧足联主席，一定会为这3分钟的电梯之旅而懊悔不已。而在看台上目睹了惊心动魄情节的查尔顿爵士，站起身使劲儿鼓着掌，露出了欣慰的微笑。这一天恰巧也是马特·巴斯比爵士的90岁诞辰，对所有的曼联人而言，他们也许应该忘却悲伤,因为球队的表现足以让爵士为之而骄傲,球迷的欢呼声就是告慰他在天之灵最好的礼物!就像弗格森赛后如释重负般地仰天长叹:"谢谢你在天堂带给曼联的庇佑!"

颁奖典礼上,弗格森和即将离队的老队长舒梅切尔一同举起了"大耳朵"杯。曼联在31年后重回欧洲之巅,也铸就了1998-1999这个属于红色旋风的赛季。赛后当记者自然不会放过采访弗格森的机会,极度兴奋的爵爷有点语无伦次,不过还好,冷静下来的他恢复了一如既往的风格,留下了那句让人难忘的粗口:"我不敢相信,不敢相信,哦,真的!足球!真**该死!"

# 小贝的救赎

1998 年世界杯注定是属于贝克汉姆故事中伤心的一章,他被阿根廷的西蒙尼激怒后,脚踢报复对手被红牌罚下,英格兰队也因此输掉了与阿根廷的比赛。球迷都失望、愤懑,甚至扬言威胁他的人身安全。不过贝克汉姆还是从妻子维多利亚那里得到了温暖和安慰,当他回到俱乐部时,弗格森爵士和队友们同样鼓励他用自己积极的表现改变大家对他的看法,从危机公关来看,凭借竞技体育的努力扭转大众的印象,对职业球员而言不失为一种积极的举措。而小贝也确实做到了这一点,通过自己的勤勉表现和关键入球,小贝扮演了知耻而后勇的典型。在曼联成就三冠王的 1998-1999 赛季,他在各条战线上都贡献了自己最大的能量:足总杯上那脚精妙的传球,成就了吉格斯长途奔袭;欧冠半决赛上他落点极佳的角球,帮助基恩打进一球,并吹响了球队反攻的号角;而决赛中足以载入曼联史册的两粒进球,也全都仰赖贝克汉姆精准的黄金右脚。

不过在国家队中犯下的过失,他还没能彻底填补上。这个为国争光的转机出现在 2002 年韩日世界杯的预选赛上。2001 年 10 月 6 日,英格兰队在小组赛最后一轮面对希腊,在开赛之前,英格兰和同组的德国队积分相同,前者凭借净胜球优势暂列小组第一,如果能保持小组第一的排名,英格兰将直接进军世界杯决赛圈的比赛,否则就将参加决定生死的附加赛。对于这场重中之重的比赛,英格兰队特意将比赛安排在福地老特拉福德球场进行,这里也是国家队队长大卫·贝克汉姆的主场,大家期待三狮军团可以在这里踏过希腊奔赴亚洲。

英格兰队在出场阵容上做出了调整,在锋线上以福勒替代了欧文,后防线上,

第四章 经典赛事

主力中后卫坎贝尔被基翁顶替。经过整个预选赛程的折磨，双方都身心俱疲，尤其是英格兰队开场提不起精神，相比之下，希腊队率先发难，第 29 分钟，萨戈拉基斯用一脚很有威胁的任意球考验了英格兰守门员马丁，查理斯特亚斯在禁区右侧劲射破门，让英格兰为自己的慢热付出代价，希腊反客为主 1 ∶ 0 领先。由于英格兰准备不足，没有相应的对策，加上贝克汉姆也被严密盯防，传球的威力无从发挥。

到了下半场，英格兰主教练埃里克森做出变化——安迪·科尔顶上了锋线，身体强壮的赫斯基被拉到边路，摆出了放手一搏的架势。而希腊队利用英格兰倾巢出动的机会，打出了几次漂亮的反击，幸得守门员马丁英勇的表现才让英格兰得以保留希望。第 66 分钟，英格兰队换上了素有"关键先生"称号的谢林汉姆，这次换人产生了立竿见影的效果，上场仅仅十秒钟，谢林汉姆就用一个头球吊射扳平了比分！老特拉福德球场内球迷欢呼

◎ 经典的贝氏弧线

279

雀跃，因为另一块场地上德国和芬兰的比赛还是0：0，只要能保持住这个比分，球队便可直接晋级世界杯了！

不过事情哪有那么容易，球迷的狂欢仅仅维持了3分钟，希腊队的尼科莱迪斯再次攻破英格兰队球门，球场陷入了一片沉寂与焦虑之中。此时的英格兰进攻不得章法，防守堪忧。比赛进行到第89分钟，谢林汉姆再次发挥作用，为球队赢得了禁区前任意球的机会。按照常理，贝克汉姆是国家队任意球和角球的第一主罚者，但是今天的他发挥似乎有失水准，角球也无法把握落点，队友们赢得的多次任意球机会更是悉数浪费。当谢林汉姆走上前去拿过足球，表示自己状态很好愿意一试，小贝却婉拒了老乡的好意，夺回皮球执意亲自主罚。

事后贝克汉姆谈及这个进球，说当他站在球前就仿佛感觉到了这脚任意球一定可以打进。小贝的预感被应验了，他在距离球门35码的位置踢出了一脚标志性的"圆月弯刀"，希腊守门员尼科波利迪斯完全被这个球的弧线方向"欺骗"了，目送皮球滑入网窝。整个梦剧场沸腾了，球迷们为英格兰队的顽强所折服，而贝克汉姆也以这粒金子般的进球完成了自我救赎——他激动地挥舞手臂，然后做出平举双臂，接受赞美的经典庆祝动作，他清清楚楚地听见了球迷们高声地朝他高呼："救世主！救世主！"

最终，德国和芬兰平分秋色，而扳平比分的这一球也确保了英格兰直接晋级世界杯。赛后媒体给出了这样的分析：小贝的这脚任意球，无疑挽救了无数的商业订单，这是一个价值1.5亿英镑的进球！其实这更是一个无价的进球，如果没有它的横空出世，英格兰失去进入世界杯资格是小事，而失去足球的欢乐给人们生活和精神世界带来的巨大影响则是无法估量的！

贝克汉姆终于可以忘掉1998年的红牌，骄傲地昂首前行了，这就是贝克汉姆的救赎之战！发生在他的家——老特拉福德球场。

贝克汉姆引发了足坛最大的争议：他能一球成名，也能因"商"成功，作为一个极富经营头脑的人，小贝的妻子维多利亚将他从单纯的球员打造成了商业的宠儿，他也为此付出了与"慈父"决裂，离开英伦三岛的代价。而贝克汉姆此后的职业生涯，一直都在证明自己绝不只是个花瓶，他的骨子里是个斗士。为了能保持状态继续为国效力，他千百次往返于欧美大陆，甚至为了延长自己在 AC 米兰的租借合同不惜得罪洛杉矶球迷。名震欧洲的医疗实验室"米兰实验室"甚至给出了小贝的体检结果——他的身体机能和一个年轻人无二，那是他从不松懈的职业素养最好的体现。

对小贝的争议事实上来自球场之外。虽然他不是那种全能的球星，没有花哨的盘带和无人匹敌的速度，但球场上的他体力充沛，精力旺盛，勤奋刻苦，重视团队。媲美导弹一样精准的传中，是无数次苦练的结果，放下有色眼镜，还原那个真实的贝克汉姆——见过那个掩面而泣，让球迷都为之心碎的背影；因为年轻不羁，被红牌驱逐失落不已的身影；银河战舰的甲板上，始终有一个双腿打着封闭满场飞奔的坚强的魅影。

2013 年贝克汉姆决定在巴黎圣日耳曼结束自己的职业生涯，他曾经的队友加里·内维尔对他进行了一次专访，当内维尔问小贝希望大家怎样回忆他时，贝克汉姆的回答言简意赅："我希望大家把我当作一名勤奋的足球运动员来记忆。"当他在最后一场比赛中被换下，全场观众起立，经久不息的掌声让贝克汉姆再次情不自已，也许那一刻，球迷们都记住了他。

# 追寻失落的圣杯

多特蒙德是近些年来在国际足坛上异军突起的，能让众人眼前一亮的球队。因为"大黄蜂"有一个善于挖掘和使用年轻人的主教练，是一支能征惯战的青年近卫军。而球队可以在引援资金不多的情况下，秉承着绝不保守的攻势足球的传统风格，合理地经营、打造自己成为一个让豪门不敢小觑的尊重的对手。

在商业足球大行其道的今天，相比球队建设，人们更重视自己的投资能否快速换取回报，所以许多球队会购买业已成名的球星，而不是提拔球队青训体系中的年轻人，所以当一支欧洲顶级联赛球队的主教练，敢于启用年轻人，那是需要多大的勇气！克洛普就是这样的人。当然球队并非不愿花钱引入巨星，第一次夺得欧冠冠军后，多特蒙德不断在转会市场上"兴风作浪"，却适得其反地让球队背上了债务。吸取了教训后的"大黄蜂"，开始了更为理性的投资，年轻人获得了更多上场机会，当然，这也要归功于德国联赛对各俱乐部建立完善青训体系的强制性要求——在全德境内重新布局约390个足球训练基地，集中22000多名11至17岁天赋良好的男女球员，在1200名青年职业教练的指导下踢球，职业教练员必须能教会球员基本的现代足球技巧、技战术。所有球会必须拥有青训中心与训练经费。所有的举措使得德国潜力球员自千禧年之后呈井喷的趋势涌现，而多特蒙德自然也是其受益者，年轻人的冲劲与活力留给了克洛普施展拳脚的余地：进攻上，他要求队员们用快速的传接球和突破调动对手的防守阵型；防守中每个人都要投入到高位的逼抢。因此对手一人拿球，就会落入多特蒙德球员多人围堵的"陷阱"，一旦断球成功即刻以高速反击打对手一个措手不及。更难能可贵的是，球队的进攻永远不知疲倦，即便是大比分领先的情况下也丝毫不给对手喘息的余地。

　　凭借着这样的足球风格，"大黄蜂"再次称雄德甲赛场。而在2012-2013赛季的欧冠赛场上也从死亡之组中脱颖而出①。淘汰赛中，"大黄蜂"继续高歌猛进，力克了马拉加与皇家马德里队，与拜仁会师决赛。尽管决赛惜败对手，但多特蒙德真正做到了像大黄蜂一样不屈地战斗，充满了血性。

　　在与马拉加展开的1/4决赛，首回合"大黄蜂"客场0：0战平对手，让第二回合比赛的胜负变得至关重要。

　　就在第二回合开赛前不久，威斯特法伦球场那个令全欧洲球队胆寒的南看台，球迷们做出了让世人叹为观止的举动——南看台的二万五千人忽然举起了事先准备好的黄黑色纸板，交接在一起组成了巨大的双圆图案，看台下挂着写有"追寻失落的圣杯"字样的横幅。看到这里，大家都在期待南看台球迷的下一个举动，果不其然，当双方球员步入球场的那一刻，南看台前"升起"了一个巨大的黑影——一个头戴多特蒙德球迷帽、手握望远镜的巨人像。身后的黄色双圆伴随着人影的上升，切换成一座巨型欧冠奖杯的图案。观者至此已恍然大悟，巨人透过望远镜中的视线，寻找到那座心目中独一无二的"圣杯"，那就是无数"大黄蜂"们执着追寻、梦寐以求的无上荣耀。在梦想实现之前，他们要做的就是要用震耳欲聋的歌声让对手胆寒，并激励着身着黄黑战袍的将士义无反顾地朝着这个目标奋进。

　　自1997年在欧洲赛场夺冠之后，大黄蜂便再也没有能如此酣畅淋漓地站上过巅峰对决的战场，16年后球队再一次出现在欧冠的赛场上，并以优异的表现点燃了球迷们的冠军梦——没有谁能更比他们渴望球队能再做一次冠军的美梦！比赛双方在山呼海啸的氛围中迅速进入状态：第16分钟，多特前锋莱万多夫斯基吊射球门，可惜皮球高出横梁，错过了使球队领先的机会；第25分钟，马拉加球员巴普蒂斯塔截获皮球，径直传给了禁区前沿的伊斯科，他的传球落在了华金脚下，

---

① 当时多特蒙德的对手分别是荷甲劲旅阿贾克斯、"蓝月亮军团"曼城和"银河战舰"皇家马德里。

◎ 威斯特法伦球场南看台——追寻失落的圣杯

后者轻巧地晃过了前来拦截的施梅尔策，左脚低射，皮球直窜网底！好在之前连克强敌的比赛经历让多特球员不怵于一时的落后，他们在上半场临近结束前迅速扳平比分：第 40 分钟，大黄蜂发挥快速反击的优势，核心球员罗伊斯中路脚后跟妙传，前锋莱万多夫斯基拍马赶到，晃过门将后冷静将球推射入网。当然，由于客场没有取得进球，1∶1 的比分依旧使得多特蒙德来到了被淘汰的悬崖边，他们至少得再进一球才行！

抱着破釜沉舟的决心，进入下半场后多特蒙德继续在对手半场"翻江倒海"，只是急于求成的心态让多特蒙德一次次错失良机，反而是马拉加队凭借一次高效反击，由巴普蒂斯塔摆脱后卫与守门员，似传似射地将球推送到门前，埃利塞乌单刀赴会完成了破门，1∶2！"大黄蜂"陷入了绝境，就连边裁也没有站到主队的一边——那是一个不越位的标准进球！此时的马拉加球员已经开始疯狂庆祝，因为比赛来到了 82 分钟，时间的优势几乎宣判了主队的死刑。

正如前英格兰著名球星莱因克尔说过的："足球是一项 22 个人拼抢，而最后德国人胜利的游戏。"这是典型的德国式傲慢，因为他们从来都对自己钢铁一般的意志充满信心。此时的大黄蜂已经倾巢出动，中后卫胡梅尔斯大脚将球传入禁

### 科普一刻

### 客场进球

欧洲足联规定，在淘汰赛阶段，即通过两回合决定胜负的赛制中，如果双方球队互有胜负或平局，以使得总比分依旧是平局的情况下，哪一方球队的净胜球数量多就是最后的获胜球队；如若净胜球数量也相同，则比较双方的客场进球数。要问为何是客场进球？那自然是因为客场进球的难度要更大的缘故。

区，苏博蒂奇得球后传向中路，马拉加后卫虽然破坏了多特球员中路射门的企图，但解围的皮球恰好落在罗伊斯眼前，他一脚冷静的迎球推射将比分改为了2：2！这无疑是一粒价值连城的进球，就连看到希望的德国解说员都失去理性地大喊起来："我们还有两分钟，继续吧！"补时第2分钟，多特蒙德从前场左路掷出边线球，施梅尔策将球抛给莱万多夫斯基，后者左路起传中，一番传接摆渡，边后卫桑塔纳瞅准时机射门！被马拉加球员堵了枪眼……席贝尔补射！守门员又将球扑出……桑塔纳再次补射！球进了！！桑塔纳在门线上攻入了可以载入队史的进球！德国解说员亢奋的情绪被彻底地释放出来，转眼间就被传自球场雷鸣般震耳欲聋的欢呼声所淹没，当在事后回忆起那时的情形，他只记得自己不由自主声嘶力竭地高呼："进了！进了！进了！进了！进了！进了！他们从淘汰的边缘回来啦！"至于其他的一切早已抛到了九霄云外！

　　比赛在反超比分后不久遂告结束，主教练克洛普和他的年轻人再也按捺不住激动的心情，结束比赛的哨声刚响起便冲入球场庆祝那惊心动魄的胜利！整个威斯特法伦沉浸在不眠的狂欢之中——伊杜纳信号球场正在向全世界输送着属于年轻人的成功的"信号"！而上一次有球队在欧冠淘汰赛补时阶段打入两球的，可要追溯到属于曼联的红色三分钟。和弗格森率领的92黄金一代一样，在豪迈的克洛普的率领下，更为年轻气盛的多特蒙德再一次向前辈致敬，即使他们决赛惜败于拜仁慕尼黑队，可是真正值得被人致敬的恰恰是年轻的"蜂群"，正因为年轻，才能让足球扫尽老态，重归活力与激情！

# 被扒光的冠军

从寒冷的德国飞往温润的意大利,那里的比赛有着异于紧张严肃的特别之处,多了几分闹剧一样的荒诞:这是一场在罗马奥林匹克体育场进行的意甲联赛。比赛本无特别,但却向大家展现了"一群"意大利人可以有多狂热,尤其是对足球的那种肆无忌惮的痴狂,让人观后别有一番滋味。

罗马城历史悠久,有"露天历史博物馆"的美誉。被古朴、陈旧文物包围的古城带给你关于当地人安静、保守性格的错觉——面对足球,他们的热情会如火山迸发一般爆发出异于想象的威力。只是意大利足球的主宰者在都灵和米兰,罗马队虽然人气旺盛,但战绩却不尽如人意,迄今只夺得过三次联赛冠军,可以想象罗马球迷对于荣誉的渴望是有多强烈。

2000-2001赛季的罗马队终于凑齐了属于自己的"冠军拼图",球队由擅长联赛的名帅卡佩罗坐镇,经过对阵容耐心细致的调校、打磨,已经形成了强大的凝聚力与战斗力。老中青三代与球星的合理的人员配置,使得球队在关键时刻总有人挺身而出,从佛罗伦萨转会而来的"战神"巴蒂斯图塔以及本土球星托蒂就是其中的代表。

2001年6月17日,意甲联赛进行到最后一轮,罗马在主场迎战帕尔马。如果能拿下对手,他们就将夺得队史上第三个联赛冠军。球队上一次联赛夺冠还是在1983年,等待了近20年的球迷们,早早地来到了奥林匹克球场。期待冠军降临的巨大的热情弥漫在空气中,仿佛能融化了这座"永恒之城"。

尽管从另一块场地很快传来尤文图斯队早早领先对手的消息,但罗马众将依旧众志成城稳扎稳打,第 19 分钟,坎德拉在左路突破传中,"王子"托蒂由后快速跟进稳稳地攻破门将布冯的十指关,1∶0,罗马顺利取得领先。而这只是开始,第 40 分钟,巴蒂斯图塔以精妙的盘带将球带入帕尔马右禁区,一脚大力射门虽然被布冯奋勇扑出,但"小飞机"蒙特拉机敏地跟上攻入第二球。此时,在场的球迷开始蠢蠢欲动,因为排名联赛第二的"斑马军团"落后罗马两分,只要自己的球队能够获胜,对手所有的努力都将化为乌有。下半场第 84 分钟,巴蒂斯图塔在禁区内拿球,瞅准对手的防守空隙再下一城,这样罗马队的三叉戟分别贡献一粒进球,送给球迷一场完美的夺冠演出!而看台上的观众也开始提前燃放烟火。虽然帕尔玛队没有放弃抵抗,由迪瓦约打入了挽回颜面的一球,但胜负已定终于让球迷释放出了本能,纷纷开始勇闯球场内场。

　　虽然最初的入侵者很快被当值警察制服带离了球场,不过在比赛进行到 85 分钟,当两千余名球迷不约而同冲下看台时,原本人数占优的警员就变成了杯水车薪,冲动到失去理智的人影冲破了拦阻涌入内场,他们在草坪上疯狂地围堵球员,肆意地将他们的球衣扒下来留做纪念,甚至都不管你是罗马球员还是帕尔玛球员了!场面顿时失控,一场联赛演变成为骚乱。托蒂的球裤被抢走了,安东尼奥利的鞋袜都没了,连帕尔玛队门将布冯也被扒了个精光,几乎在场的每个球员都遭到了洗劫。帕尔玛队球员只得集体退场以示抗议,直到局面濒临崩溃之时,防暴警察才紧急赶到现场驱散疯狂的球迷。至于罗马队主帅卡佩罗,他早已气急败坏,冲入内场朝着胡作非为的球迷大喊大骂,此时,没有谁能比执教经验丰富的他更为清醒——如果比赛不能继续正常进行,将会择日重赛,球队很可能就此失去夺冠的希望!

　　这正是卡佩罗的愤怒所在,球场高音喇叭也在不停地劝诫球迷保持冷静、控制情绪,尽快离场。15 分钟后,比赛终于得以继续,帕尔玛队员也没有太过计较。只是最后时刻的比赛,双方都在做毫无意义的皮球传控,也许是被球迷的热情吓怕了,双方球员都焦急地盼望比赛能早点结束,裁判在吹响终场哨前也提醒场上

◎ 罗马门将被球迷扒衣服

◎ 帕尔玛的守门员布冯也被扒光

◎ 罗马球迷眼看要夺冠，跃跃欲试想冲进场内，警察数量明显吃亏

球员聚拢到靠近赛场通道的地方，哨音响起的瞬间，球员们纷纷像逃命似的冲进了球员通道。

球迷们再次失控冲进球场，这次抓不到球员来宣泄内心的狂喜，就转而和场地过不去了：草皮被挖走，球门被扭断了带走。事实上，同时举行的尤文图斯的比赛也发生了类似情形，比赛因为球迷冲入球场而中断，虽然一番努力使得比赛得以恢复，不过球迷再次冲入球场，使得主裁判最后不得不提前5分钟结束了这场炼狱般的比赛。

赛后当卡佩罗被问及这场不小的波折时，这位名帅依旧愤愤不平："球迷们的行为太过愚蠢！要知道那差点毁了我们一个赛季的努力！我们本来早已准备了一个很好的庆祝活动，可是现在……"是啊，现在球员们正在更衣室内疯狂地庆祝胜利呢，尤其是对巴蒂斯图塔而言,那是他生平第一个意甲冠军,为此他已经等待了 10 年之久。在这夙愿得偿的时刻,球员们载歌载舞宣泄着被压抑了许久的情感。

直至晚间 9 时许,球迷们才结束了这场"暴乱",十万民众聚集到人民广场为球队的胜利彻夜狂欢,庆祝的人群甚至涌入了梵蒂冈圣彼得大教堂前,载歌载舞,喜悦之情溢于言表。好在这次,没有人胆敢在上帝面前造次,激动的眼泪是他们送给球队最好的礼物,同时,他们也绝不会放过这个能奚落死敌拉齐奥的最好的机会。而享誉全意大利的美女明星费里莉,更是身着金色比基尼来到"许愿池",兑现"只要罗马队夺冠就跳脱衣舞"的诺言,看来能夺得联赛冠军,无论对球员还是对球迷而言,那真的值了!

这就是属于意大利球迷的癫狂,对足球的热爱近乎歇斯底里。只要来到意大利,你可以和他们谈美食,说时尚,更可以聊足球。不过在谈论足球前,最好先问问他支持哪支球队,如果你的喜好和他们背道而驰,那就抱歉了……虽然不会遭到被扒衣服的下场,不过,境遇可也好不到哪去哦!

# 圆梦五里河

五里河体育场虽然存在的时间不长,但是见证了属于中国足球的两个荣耀时刻。其中一个是俱乐部的成就,一个是国家队的成就。

俱乐部的成就属于老辽足,当时名为辽宁东药队。辽宁队在中国开展职业足球之前是当之无愧的巨无霸,首先这是一个出体育人才的省份,尤其是三大球项目。其次那是计划经济的时代,辽宁籍球员只能代表辽宁队出赛,所以这种实力上的优势是比较明显的。

当职业化的浪潮到来时,这支球队面临了留不住人才,又没有新人涌现的两难境地。球队渐渐走了下坡路,甚至两次降级。

好在辽足鼎盛时期为中国足球做出了贡献。1985年起,辽宁队就作为中国俱乐部的代标参加了亚冠联赛的前身——亚洲俱乐部杯。由于球队很少出国比赛,为此辽足付出了不少学费。

直到1990年,球队此前的经验和能力累积到了恰到好处的程度,播撒的种子也该收获果实了。辽足一路从小组赛杀入决赛,面对的是日本日产足球队,这支球队就是今天横滨水手队的前身,球队不仅由巴西教练奥斯卡带领,还有高水平的外援。

辽足则是凭借着全华班的底子应战,第一回合比赛辽宁队做客日本,凭借傅博和黄崇的进球2∶1客场取得胜利。1990年4月29日,辽宁队回到主场五里河体育场,迎战意欲翻盘的日本日产。

面对着亚洲俱乐部赛事的顶级荣誉,五里河坐满了准备庆祝胜利的6万名球

◎ 辽足夺得亚俱杯赛场上用的足球

迷。上半场波澜不惊，双方都有机会却也都没能把握住，以 0：0 进入更衣室。下半场进行到 6 分钟，马林带球突破传向禁区，徐晖门前推射打破僵局。日本日产队随后展开了凶猛的反扑，下半场 13 分钟，辽宁队在本方禁区犯规送给对手点球，日本球员一蹴而就扳平比分，比赛旋即进入了让人焦虑的走势。

好在前面介绍的那些逆转没有发生在这里，辽宁队将比分保持到了终场，获得了中国足球俱乐部的第一个洲际大赛冠军——亚俱杯冠军！鞭炮和锣鼓声响彻五里河体育场，球员们高举着奖杯，与主教练李应发、领队崔大林绕球场一周致意，这是中国足球冲出亚洲之前最高光的一刻！

此后中国球队最好的亚冠成绩是大连队拿到的亚军，直到 2013 年广州恒大拿到了属于中国的第二个亚冠冠军。虽然是老辽足最早拿到的亚冠冠军，为什么这个契机没能推动中国足球的发展和进步？这将在最后一个章节另立名目讨论。

另外一个属于五里河的辉煌时刻，就是中国国家队在这里取得了世界杯参赛权。

虽然 2001 年十强赛中国队抽到了上上签，球队所体现出的精神面貌完全不同于以往，这是此前最缺乏的东西。

首先是遇到争议判罚，球员也不会围着裁判愤怒地理论了。其次，球队不论领先还是落后，都懂得控制情绪。主教练米卢不是个战术大师，却是提升球队凝聚力的心理医生，他对内对外提出的那个著名理论"态度决定一切"，当时很多人听都没听过，而事实也确乎如此，许多影星、歌星和体育明星都不是天赋多好，而是凭借着不懈努力和愈挫愈勇才站上了行业的顶峰，所以这个理论对中国足球很有指导意义。

国足就在这样的思想指导下，有了不同以往的表现：过往经常被人在最后时刻翻盘，这次十强赛却能在最后时刻逆转对手。定位球的高得分率，证明了球员战术执行力的提高。

国足在"十强赛"上一路高奏凯歌，高居小组第一。只要在 10 月 7 日主场对阿曼的比赛中打平，就能晋级世界杯决赛圈。尽管之前的几十年里，国足经常在"打平即出线"的时候缔造各种悲剧，媒体和球迷们却对这次的前景持有乐观态度。

10 月 7 日晚比赛在五里河打响，现场的六万名球迷用齐唱国歌的方式鼓励着国脚们一战成功，在热血沸腾的气氛下，比赛开始了。上半场第 36 分钟，李铁在右路起传中，李霄鹏头球送入禁区，郝海东再次将球摆渡，杨晨和于根伟都出现在了落点上，形成了"双鬼拍门"，最后于根伟抢先铲射打进球门，五里河顿时陷入了欢庆的海洋！

下半场比赛，中国队持续向对方施压，在大局已定的时候米卢将张玉宁、杨璞换上场，争取让更多球员体会到胜利的喜悦。比赛结束了，中国队没有再一次倒在"打平即出线"的梦魇上，球员们纷纷奔入场内拥抱庆祝，范志毅作为老队员已经抑制不住情绪，激动得泪流满面，只因为 44 年的拼搏终于有了成果，几代中国足球人的努力得到了回报！

看台上全都是绽放着笑容挥动手臂的人们，到处都是国旗和歌唱祖国的歌声，虽然他们不会从这场胜利中获得一分钱的利益，但是民族自豪感在这一刻触动了每一个人！

笔者的家距离五里河不远，为了更靠近体育场去感受这种喜悦和自豪，抑制不住激动冲上了街头！还没来到青年大街，就感受到了前所未有的狂热，游行的队伍已经占据了这条景观路，浓烈的欢庆气氛弥漫在空气之中！

与此同时全国各大城市都开始了游行庆祝活动，这种情形让尚且年幼的我头一次发现，足球有能够影响一个国家的力量，它的魅力和摧毁力都必然是惊人的。足球就是一个魔鬼，你可能随时爱上它，也会对它恨之入骨。但此刻，你对它的爱超过了一切，甚至高于自己的生活。

当时球迷的游行队伍是由青年大街向市政府方向行进的，由于气氛太过热烈，大量的警察在维持秩序，不过他们的脸上也都是笑容和兴奋，完全没有被困扰的烦躁，平日里脾气比较火爆的人们也都一反常态地不拘小节。

笔者站在一个卖鞭炮的小贩旁边，最初许多人向他买鞭炮，随手点燃带动气氛，后来这位老哥自己太开心了，就冲身边的几个孩子大喊："不卖了！给我点着，往人群里扔！"几个半大孩子马上凑起了热闹，七手八脚把剩下的鞭炮全都点燃拖进了庆祝的人群中，有趣的是，竟然没有一个人因为突如其来的惊吓而愤怒，反而癫狂地哈哈大笑！这种状况，在脾气暴躁的东北人中是绝无仅有的。

后来世界杯上的事大家都知道了，中国队带着非常不体面的成绩回家了。当时对国足抱有极大期待的我完全不能理解，对于足球失望之极。后来一位老师讲的一个细节让我豁然开朗。他说，韩国队虽然是东道主，占了不少便宜，但是他们的态度值得称赞：有一次一名球员盘带过人时失误了，韩国主教练希丁克站在球场边上对他说了句什么，这个球员马上走过来九十度鞠躬然后继续投入比赛。在中国足球队员以为自己的态度已经大有改善的同时，其他国家的球队始终保持着礼貌、谦和的态度，而这，是要继续努力提升的品质。

五里河为了奥运会而拆除，沈阳奥体中心体育场是它的升级品。由于沈阳是国足的"福地"，国奥队的比赛都会被安排在沈阳进行。所以对于这两场比赛，一些场内趣事可以说说。

奥运会男足的一张门票是能看下午的两场比赛的。比如中国队、巴西、比利时、新西兰分在一组，你就能在第一观赛日的下午看到巴西对比利时，中国对新西兰两场比赛。所以也算值回票价了。

第一场巴西对比利时，许多球迷都是奔着正在巅峰期的巴西球星罗纳尔迪奥来的，此外巴西国奥还有皇马的马塞洛、AC米兰的帕托、曼联的安德森，对于沈阳的球迷来说，能在家门口看到这些球星已经太奢华了。

笔者的座位位于角旗的旁边，大家都盼着近距离看到小罗来这里罚角球。还有人拿着巴西国旗冲他挥舞，只不过对于比赛很认真的小罗即使来罚角球，也没心思分神。有一个比利时人，他拿着国旗，不断大喊着什么，后来从身边的中国人那学到了一句不太标准的"比利细，甲右（比利时，加油）"。大家对他纷纷报以善意的微笑，他明知球队完全听不到他的助威，也要声嘶力竭地大喊，大家对此深受感召：本着国际主义精神，在场的中国观众开始和他一起为比利时呐喊助威。他喊"比利细"，其他人就喊"加油"。

后来身边一个球迷大哥起了坏心眼，走过去连比画带说地告诉他："你得喊'姐夫'加油！"这位比利时铁杆倒也毫不含糊，当场就开始大喊："比利细，姐夫！"惹得大家哈哈大笑，但是他仍旧旁若无人地大喊，直到比赛结束。这就是体育的参与精神，开个小玩笑也好，努力声援也罢，都是体育人文的体现，你要学会坚持，也要学会用幽默面对。

# CHAPTER 5 第五章
## 足球和世界

# 球场小社会，社会大球场

这本书来到了最后一个章节，看遍世界各地的足球风景，肯定不能忘记自家的一草一木，在谈起这个略显沉重的话题前，要重新提起这句前面多次说过的话：球场小社会，社会大球场。

其实这是一句很写实的形容，竞技体育是社会生活的投影。尤其是和平年代，体育起到的作用是让人意想不到的——将不同群体的利益和矛盾体现得淋漓尽致。既能体现人类文明的优越感，又能将人类本质暴露无遗。

首先一个职业球员要经历的职业生涯和人生何其相似，高峰和低谷。足球是一项团队运动，如果你不懂怎样在团队中发挥作用，就会被排挤和抛弃。相反队伍整体能力不高，不论你是多牛的球星也要吞下失败的苦果。

教练就是这个团队的领导者，如何将一群人捏合为一个团队是他的任务，多重标准的管理，或者与球员关系过远过近都会让他成为不了一个好舵手。

有的人会光明正大争取胜利，也有人不择手段阴招使遍。你还要学会控制自己的愤怒，如果失控就丢掉了继续竞争的机会。也许你被人暗算，暗算者还会一脸可怜地向执法者恶人先告状，你必须学会如何应对这样的情况。最终的胜利者都是能做好防守，有备选方案，能死命攻击对手漏洞的那支球队。

高级别的比赛能吸引球星、商业赞助和众多观众。低级别的比赛可能无人问津，都是兼职球员在勉力而为，今天的球队可能明天就不复存在。甚至男足和女足的关注差异，都和社会男女地位不平等完全成正比。然而当你为球场内的拼搏兴奋雀跃时，也许比赛正被赌球假球控制，呈现在你面前的有可能是隐藏很深的黑手

◎ 2002 年，孙继海以 200 万英镑从大连实德转会去曼城

操控的结果，如果套用一下阴谋论的论调，这种操控在社会上无处不在，遍及每个角落。

上面的例子更多的是比喻，其实足球可以更直接地与社会互相反映。比如球迷方面，能直接找到社会问题的缩影：球迷是这些球队的拥护者，按照足球的发展的特点，他们很多都具有相似的社会阶层，所以球队之间的对立，往往就是社会矛盾的集中体现。比如前文提到的博卡青年和河床，平民和中产阶级的矛盾体现了社会贫富差异大的问题，皇马和巴萨的对立，则是国家和民族发展中积累矛盾的出口。

作为最有利可图的一项竞技体育，足球运动员的培养和选拔都是怎样的流程？球场上的那些人，他们是生活普通却身怀足球绝技的能人，还是家境殷实凭借砸钱成为球员的富二代？这能够反映出社会选拔人才的体制是否健康。简而言之，如果人才都被"关系"和"金钱"挡在了门外，这个社会上其他行业的情况也会

◎ 2010年，在东京举行的男足东亚四强赛中，中国队以3比0战胜韩国队，结束"恐韩症"。

充斥这样的问题。

  这是足球对人类生活的最直接反映，也是众多问题的冰山一角。面对着足球和社会直接与间接的关联，"足球小社会，社会大球场"得到了淋漓尽致的诠释。

  提到这些并非为了哗众取宠，而是为下文浅谈中国足球做铺垫。借国足的话题进行谩骂和调侃是无意义的，笔者将尽己所能地分析中国足球为何没能良好发展、球员是否该承受球迷的斥责这些问题，希望读者在了解到真实的情况后，能够更建设性地看待中国足球所存在的问题。

# 中国足球现状和未来的路

中国足球的现状是非常尴尬的,这一点无法否定,因为这是个任何人都能公开调侃和嘲讽,却不会受到非议的话题。

全世界似乎只有足球问题可以被肆无忌惮地议论,谁该被解雇,谁该上场……每个人都像是专家一样谈论这些问题。其实这些批评都是想要得到一个答案——如何让足球得到更好发展。

想要得到中国足球的答案,就要先知道它处于什么样的现状。简单来说,中国足球的现状是:在原地踏步甚至退步,而别人在不停进步。那么造成这种问题的原因是什么呢?

## 业余还是职业:一场关乎人生的赌局

不论什么运动,没有群众基础就没有发展的潜力。经常听人说"不相信 13 亿中国人里选不出 11 个踢球的"。但这 13 亿人里有多少人从事职业足球?这个数字一定小到让人害怕。

中国职业足球的从业者极少,而每个城市的业余足球联赛倒是进行得如火如荼,每到周末几乎没有空闲的足球场地。也就是说,如果把足球当业余爱好,许多人都乐于参与。但是选择踢足球作为职业,或者接受职业足球训练,则参与者寥寥。什么原因导致了这样的反差呢?答案是:选择了职业足球,就是一场代价很大的赌局。

中国的足球学校学费贵得惊人，仅凭这一条，就能挡住无数喜爱足球的青少年。要知道真正有足球天赋的孩子，不见得付得起高昂的足校学费；那些能承担得起学费的孩子，却不见得有从事职业足球的天赋。

所以参与专业足校训练的人不一定是这个项目的最佳人选，有的甚至连合格也算不上，他们如果成了足球的未来，那么国足成绩越来越差就不算意外了。笔者认识一些职业球员，问及他当初为何踢球，第一句话就是："小时候也不爱上学……"选择足球成了他们逃避学习的借口。学习好坏虽然和足球能力不发生必然联系，但是各行各业都需要努力拼搏和动脑钻研，也许他们是欠缺这种品质的。

就算你承担得起足校的费用，也不见得愿意让孩子走上这条路。因为选择足球就相当于进行了一场人生豪赌，要是输掉这场赌局未来的人生就会充满了不安定因素。说得直白些，中国采用的体育培训方式是集训制，一堆人被封闭在体校里拼命训练，而文化课几乎彻底荒废，这些人如果日后不能从事足球，前途很让人担忧。

新中国成立后经济水平还不是非常强大，所以做不到全民体育，只能为了奥运会而集中培养精英运动员，也就是"唯金牌论"和"精英主义"，尽管今天国家富强繁荣了，但是这个体制仍然在支配体育界。所以家长们都希望送孩子去有希望夺得奥运金牌的项目上练体育。也就是说如果项目不具备奥运争金的能力，受重视程度就要差些。面对这样的问题，如果一个家长为孩子选择了体育的前途，多半会把孩子送到我国的优势项目上去，而不是足球。退一步讲，就算是从事我国的优势项目，那些没能得到冠军和金牌的运动员，面临的生活困难依旧超乎想象。总之，中国的体育之路太不好走。

金钱的阻拦，对未来的赌博，这都是孩子们不去参与足球的原因。再加上这些年足球假赌黑的不断曝光，部分足球从业者所做的勾当就是朝自己的饭碗吐痰，从业环境一旦被搞臭了，试想谁还愿意从事足球？

这里要再啰唆一下我国的奥运体质，在渴求国际社会认可的那个阶段，体育项目的存在就是为了争夺金牌，为了节省成本，就只能培养一部分体育精英。如今中国人已在各大国际性的比赛中证明了体育强国的潜质，可不可将体育铺设到人们的生活中，真正做到全民体育呢？尤其是一些非优势项目，比如冰球、冰壶、曲棍球和棒球等等，这些项目全国可能只有十几支专业队、千八百的从业运动员，而外国业余和专业队数量几十倍于我国，拿什么与别人竞争？前些日子的亚运会传出过这样一个故事，说参加大会的国奥男足竟然只能在全国 40 个人中挑选正式参赛的球员，这样的选材范围能和东亚近邻相比吗？这样捉襟见肘的人才储备，吃败仗是比赛开始前就注定的。体育如果和百姓的生活脱离，就没有新鲜的血液补充进去了，足球的现状应该为其他项目拉响警钟。

另外还有一个问题要说：为什么中国球员在青少年时期往往成绩很好，经常被外界称为"黄金一代"，进入成年队就会泯然众人？

首先我国的训练机制是集训制，一群孩子长期被集中在一起，只顾训练几乎不与外界接触，情绪被压抑在这种窒息的氛围内，造成他们缺少了对正常生活的体验，经常在比赛中情绪大起大落、大好局面被反超，或者落后局面演变成输球又输人的结局。一旦出了成绩，进入成年队的他们没了严厉的管束，就会迷失在放纵中。

这一点，可以向欧美、东亚邻国学习，实行走训制，让孩子们上午在自己的学校学习，下午才开始训练，训练结束就返回家里，他们和普通孩子的生活几乎无二。对此，我国总有一个误区，觉得"一心不可二用"，训练得越狠越久成绩才会拔尖，其实"磨刀不误砍柴工"，当孩子们拥有更健全的人格，知道了如何平衡学习和事业，他们的成功绝对更持久和稳定。另外，这种制度又能让孩子不放弃文化课，会给他们一个"留后路"的安全感，万一体育不能继续，学业也能捡起来，何乐而不为？

你也许会反驳，认为体制不是问题。比如巴西，那么多苦孩子成了球星，难道他们的父母都花得起足校的学费吗？这个问题其实好回答，巴西是非常盛产足球人才的，好球员能成为球队的摇钱树，所以足校会请孩子去训练，当然前提是足够优秀。而且许多欧洲足球俱乐部把球探和足校直接拉到了巴西本土，巴西的孩子可以因此直接接受欧洲球会的训练和邀请。他们的成功是不可复制的，我国可以学习的，就是了解自己的问题所在，然后积极解决，而不是听不进建议，为了反对而反对。

## 如何培养足球的好苗子

上一个段落提到的是足球为什么基础薄弱和体制该怎样适应现在的社会。这一段来细化到对球员的培养问题。

邻国日本在足球发展的初期完全落后于我国，甚至在 20 世纪 90 年代都还是国足的手下败将，当时日本的教练员和队员们都很羡慕中国队，因为高大强壮的球员在身体上不知领先他们多少，结果如今日本和韩国在足球发展上远远超过我国，球员遍及欧洲各大联赛，有的甚至在顶级豪门中担任主力。这不得不让人羡慕嫉妒恨，明明拥有领先优势，为何成了手下败将？

我国的教练员选拔人才首先看中的就是身体素质，如果不高、不壮、不快，那还从事什么足球？这就是一个最大的误区，不能过于重视身体素质本身，足球最重要的是人球结合能力和球商，这一点荷兰巨星克鲁伊夫已经证明好多次了，拉玛西亚青训营培养出了无数足球天才，他们对小球员最看重的就是人球结合能力。如果你没有这个天赋，你就是没有"球性"的人，无论你多快多壮，如果不能在拿球时体现，这些优势就全部归零。

有人笑言，如果哈维、梅西和伊涅斯塔这种身体条件泯然众人的球员来中国，早就被淘汰了。

也有人认为技术可以后天培养，身体素质是不能改变的，所以应该坚持身体至上的选择。其实这种想法是存在偏差的，足球人才的核心价值是头脑，如果脑子不清楚，练出了技术也没法恰当使用，岂不是贻笑大方？

中国足球似乎最接受不了的就是失败。所以我国的青少年足球经常伪造年龄以大打小，这种身体上的优势让他们尝到了甜头，到了世界范围进行比较，身体优势完全没有了，技术又不如人，怎么可能创造好成绩？

谈到这里，就要涉及中国足球摇摆不定的发展方向：短视的问题在国足层面体现得最明显。当施拉普纳来到国足执教时，就学习德国足球；当霍顿出现时，就学习英式足球；甚至还把许多孩子送到巴西培训；在米卢成功后，国内又疯狂地引进前南籍的主教练；最近几年西班牙足球成绩斐然又把孩子一股脑地送去伊比利亚半岛晒太阳。这就是领导层里外行指导内行所造成的目光短浅。

其实向哪个国家学习并非最重要的，重要的是坚持贯彻一个有长远规划的发展方针，不要因为一时的胜负和挫折就怀疑自己，轻易地将一切推倒重来，要知道失败是前进过程中必须经历的！但凡坚持一个足球风格发展到今天，肯定会收到很好的效果，可惜我们没能这么做。相反，邻国日本知道自己身体没有优势，就坚持学习巴西的技术风格，近些年他们的坚持收到了应有的奖励，不仅球员遍布欧洲，而且亚洲杯已经拿到手软，从 1998 年起就没有错过任何一届世界杯。当中国国家队遇到日本的大学生队，竟然输得完全没有能力还手——足球一直在日本球员脚下，所谓"人高马大"的身体优势又怎么体现？

怎样才能坚持一个稳定的方针发展呢？足球管理者的水平就显得尤为重要。比如前文提到因为西班牙足球近些年成绩辉煌，足协就要送很多孩子去西班牙学习足球，这其实还是一个值得商榷的决策。且不论这些孩子的职业前景如何，就算他们全部成才，也才几十人而已，这几十人对于中国足球的发展简直是杯水车薪。

◎ 国足出线那一刻

如果能引进一些西班牙优秀的教练，或者让一些优秀的青年教练去西班牙学习，他们回国后能培养多少的球员呢？这是多么简单的一个问题，至于我们为什么偏偏不去做，是值得大家思考的。

最好把眼光放长远，坚持一个发展风格，不拘一格选拔人才，如果可以实行下去，相信中国足球一定会触底反弹，因为只要中国人想要做到一件事儿，就一定能做到！

## 全民体育

体育本来就应该是人们生活的一部分，只是如第一段落说到的，为了赢得国际上的认可,把体育和生活割裂开了很长的时间,现在就应该把体育归还给人民。

谈到归还给人民,可以先将足球归还给校园,因为校园体育是体育战线的最重要组成部分。可惜的是校园足球已经到了荒漠化的程度,笔者从事教育行业多年,深知人口基数过大造成的就业压力给孩子们学习带来了什么样的负担——在这样的社会大环境下,升学考试是相对来说最公平的选拔人才途径。所以学生也好,学校也罢,肯定会把学习放在第一位,也就让校园体育成了空话。如今虽然国家大力推进校园足球,但是教育体制的现状让这个政策很大程度上无法深入开展,许多学校虽然推进了足球,但也只可能流于形式。

尽管现实很难,但一定要将体育变为学校生活中的一部分,让体育在学生心中植根。同时社会也要重视校园体育,这样才能成为真正的体育强国。国外的一场普通中学生足球赛,就能吸引电视台的现场直播,观众席上坐满了学生、老校友和普通观众,他们中没有人认为这是浪费时间,反而深深为母校和孩子们感到骄傲,这就是体育文化的不同。如果只能接受冠军领奖台和升国旗奏国歌,那就没有懂得什么是真正的体育文化,如果很多人都不理解,甚至策略制定者都不理解,那中国足球只能停留在竞技体育和全民体育发展不均衡的差异下。

上文提到了校园体育的困难重重,学校的做法本身没有错误,在这样的大环境下,重视体育就是本末倒置。而且体育带来的运动伤害也是避免不了的问题,等到受伤学生的家长闹到带着电视台来学校曝光时,谁也没有心情发展校园体育了。

教育部门如果和体育部门联合起来,将这些东西进行有保障的推动,是否会更好?笔者不太希望国家将发展校园体育写进教育大纲或者法律,这样容易催生形式主义和投机取巧,但现实是几乎不可能在一个很理想的状况下进行校园体育的改革,所以只能先逐步推动,然后在发展中不断修正方向和目标,仅此而已。

尽管校园体育是个难题,但不能因此而放弃。坚持稳定的发展路线,校园体育终究会发挥它的作用,起码能将孩子从无休止的线上游戏拉回现实生活,成不了球星，起码成为阳光积极的青年。

足球确实能反射许多社会的问题，发现它们，然后积极寻求解决问题的方法，这就是让社会更完善的过程，所以不要认为体育和其他并不相干，当中国足球渐渐走上更好的道路时，它能带给国家的荣誉感是什么也替代不了的。中国足球需要每个人的努力。

读完这部分，你会了解到一些基本的问题，会明白球员不该为这些问题而受到过度的责骂，自己以前对国足的调侃可能毫无意义，那么今天就是重新认识中国足球、为它的前进贡献力量的时刻了。如果你有了孩子，请鼓励他参与足球运动，这就是最大的支持。

不过现实往往是残酷的，如今各地政府为了实现财政目标，总是要拆除供足球爱好者活动的球场将地皮卖给地产开发商，然后在城市远郊区补建一座全民健身中心，但是如此长途跋涉，有几人会前往呢？没了体育场馆，不论是校园体育还是草根体育，都没法茁壮成长。这对于足球基础薄弱的中国来说，无异于釜底抽薪。

# 通过足球看世界

这次体育人文之旅已经来到了尾声,梳理一下之前的脉络:从现代足球发展的开端,走到了足球极致商业化的今天;浏览了很多城市和国家,看到了球场和球队的变迁发展;最后了解了足球的文化,看到了中国足球的现状。这些仅仅是足球海洋的一个港湾,还有太多东西没能分享。

最后还要重复一次:足球是一种文化,是在对立和统一的钢索上荡秋千的文化,它体现了人类社会在"貌合神离"和利益妥协之间达成的长期生存状态。

◎ 意大利街头足球

◎ 踢足球的非洲小男孩

但归根结底，这是一项聚人的运动，一场 22 人之间进行却可以延伸影响到千万人的运动，其辐射面之广是其他运动难以相比的。

这本书内容的载体是球场，也就是万千观众目光聚焦的那个地方。笔者绝非建筑专家，也不是审美大师，谨以对足球的热爱向大家描述着球场和发生在球场的事情，希望你还记得"糖果盒"那微微颤抖的垂直看台，老特拉福德的慕尼黑时钟，威斯特法伦喜欢玩拼图的南看台，圣西罗伸出的红色"牛角"，诺坎普的碗口造型，伯纳乌的四座塔楼，和 20 万人共襄盛举的马拉卡纳。

当然还有球场内发生的赛事和球迷们展示出来的花样百出的足球文化，足球是一个无限伸展的平台，在这里你能找到感兴趣的东西，看到一个不曾了解的世界。球场有限，而足球的魅力无限，如果本书能让你对足球有新的认识，更愿意关注它，想更多地了解这种文化，笔者会感觉到万分荣幸，而且很自豪地告诉你，"足球绝不负你"。